PROJET

DANS PARIS

PAR

A. E. LETELLIER

INGÉNIEUR CIVIL

PARIS

Chez l'AUTEUR, éditeur   Chez VIGNON
RUE SAINT-VINCENT-DE-PAUL

1875

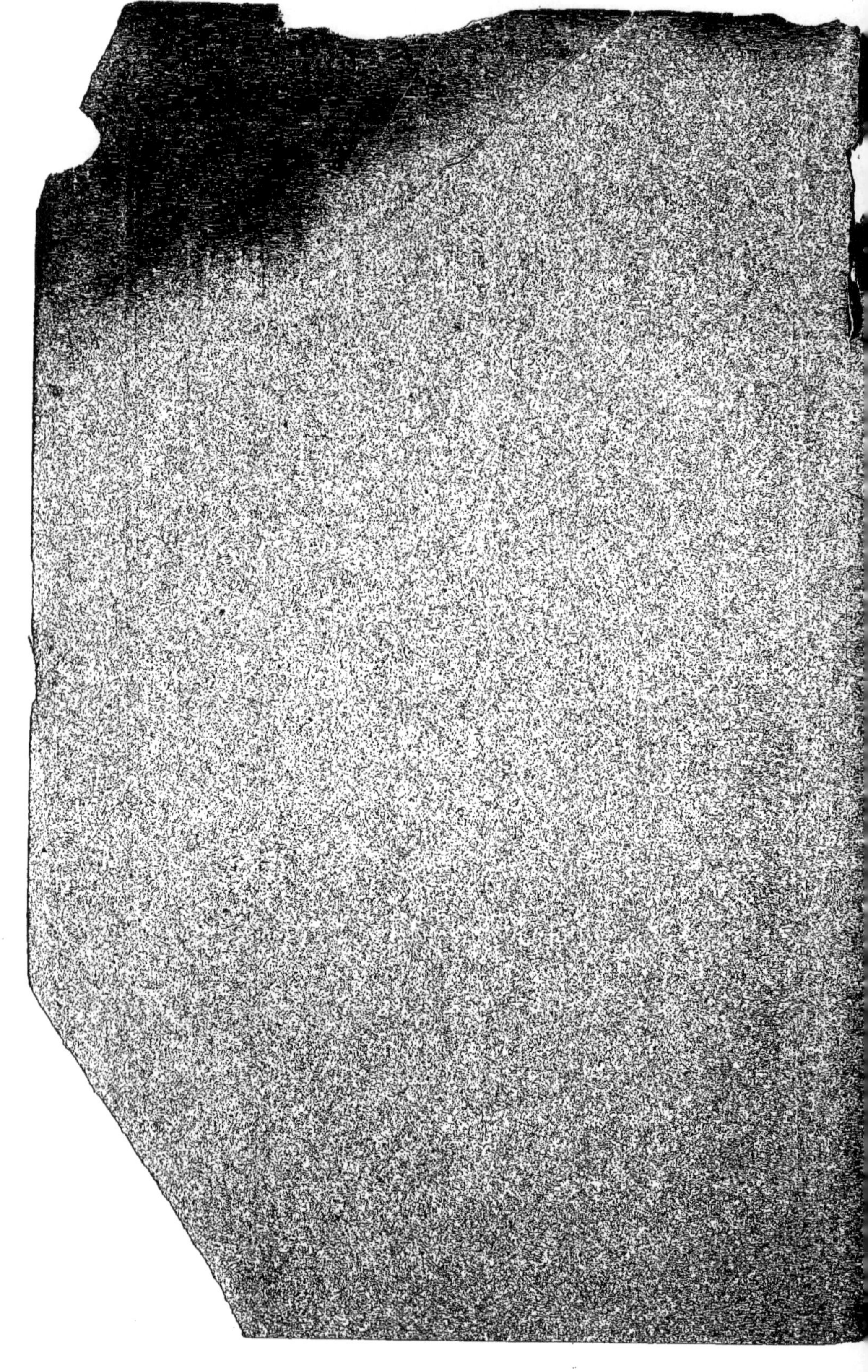

LES CHEMINS DE FER

PROJETÉS

DANS PARIS

Paris. —Imp. Viéville et Capiomont, 6, rue des Poitevins.

LES CHEMINS DE FER

PROJETÉS

DANS PARIS

PAR

A. E. LETELLIER

INGÉNIEUR CIVIL

PARIS

Chez l'AUTEUR, éditeur, | Chez VIGNON, libraire,

7, RUE SAINT-VINCENT-DE-PAUL | 4, RUE HAUTEFEUILLE

1875

« .... L'exécution des chemins de fer dans Paris et autour de Paris a été l'objet d'une discussion étendue, à laquelle ont pris part un grand nombre de nos collègues des plus compétents, entre autres MM. Vauthier, Dupuy, et M. Letellier qui vous a communiqué un projet très-complet et du plus grand intérêt, fruit de longues et consciencieuses études. »

NOTICE

SUR UN PROJET

DE

RÉSEAU DE CHEMINS DE FER DANS PARIS[1]

Par A. E. LETELLIER.

EXTRAIT des Mémoires de la Société des Ingénieurs civils

La difficulté, bien connue des Parisiens, de se procurer un fiacre ou de trouver place dans un modeste omnibus, quand ces véhicules sont le plus indispensables, nous a conduit, vers la fin de l'année 1863, à étudier l'établissement, dans l'intérieur de Paris, d'un mode de transport rapide, où les places ne manquent presque jamais et avec lequel la certitude de rentrer prochainement chez soi, autrement qu'à pied, donne la patience d'attendre un peu dans une salle ou sur un quai couvert.

Ceux qui ont vu les principales fêtes des environs de Paris et de Londres ont pu remarquer avec quelle tranquillité d'esprit des milliers de promeneurs se réunissent dans une localité éloignée et s'y attardent, même avec de petits enfants. C'est parce que tous savent que le chemin de fer les ramènera dans l'intérieur de la métropole.

Les promeneurs et les gens affairés seraient beaucoup plus nombreux encore si, à chaque grande gare terminus dans Paris, ils trouvaient un autre chemin de fer les conduisant toujours, cinq ou dix minutes après leur arrivée et quelquefois sans changer de wagons, dans leurs quartiers respectifs et à un demi-kilomètre au plus de leur habitation, ce qui éviterait aux voyageurs sans gros bagages des frais de fiacre souvent plus coûteux que le chemin de fer même.

C'est ce résultat que nous avons essayé d'atteindre, en étudiant patiemment le projet de réseau parisien de chemins de fer, représenté, avec le réseau exploité ou en construction à Londres, placé en regard, sur les quatre dessins très-détaillés que nous mettons sous vos yeux (plans,

---

(1) Voir le compte rendu des séances des 7 mars, 21 mars, 5 avril 1873 et du 6 février 1874.

profils en long et coupes transversales de la pleine ligne et des stations souterraines des deux grandes métropoles).

Ce projet a été présenté à M. le Préfet de la Seine le 22 avril 1872, à la Société des Ingénieurs civils le 16 mai, et admis en juillet à l'Exposition des Champs-Élysées, où il figurait dans la section d'architecture.

Il se compose : 1° d'un certain nombre de lignes de fer formant réseau à construire aussitôt après le solde du dernier milliard, parce qu'elles offriront des correspondances dans tous les sens, rendront faciles et rapides les communications entre les divers quartiers de Paris et s'apporteront mutuellement des éléments de trafic; 2° de six embranchements à simple voie et d'une ligne de fer éventuels, mais à prévoir dans un projet d'ensemble, ne fût-ce que pour aider à déterminer l'emplacement le plus convenable à donner aux stations d'où partiront ces embranchements.

Les chemins de fer projetés doivent desservir les points de Paris où la population est la plus dense et la circulation la plus active. Cette circulation étant étudiée constamment, depuis nombreuses années, par la Compagnie des omnibus, nous avons fait faire, pour connaître exactement ces points, un grand nombre de comptages, renouvelés entièrement en 1869 et au commencement de 1870, sur chacune des 32 lignes d'omnibus. Ces comptages, rapportés aux chiffres de l'exercice de 1869, indiqués par cette Compagnie à ses actionnaires, sont représentés graphiquement, avec des teintes différentes, sur un plan de Paris que nous mettons sous vos yeux, à raison d'*un millimètre de largeur* par 500,000 voyageurs. On peut ainsi saisir, d'une façon très-claire, la direction et l'importance des courants de voyageurs.

En outre, toutes les stations des chemins de fer compris dans l'intérieur du mur d'enceinte sont représentées à la même échelle, sur ce plan, par des cercles dont les diamètres sont proportionnels à leur nombre de voyageurs durant l'année 1869, et ce nombre est inscrit à côté de chacune d'elles.

Lignes de fer à construire de suite.

La ligne n° 1, du Pont de Neuilly à la Bastille, par les Champs-Élysées et les boulevards intérieurs, suit les avenues de Neuilly, de la Grande-Armée et des Champs-Élysées; près de la place de la Concorde, elle s'infléchit à gauche vers la Madeleine, et suit les boulevards intérieurs jusqu'à la place de la Bastille. Au delà, cette ligne de fer sort du sol, sous la gare du chemin de fer de Vincennes, et se prolonge, sans interruption de rails, jusqu'aux gares de Lyon, d'Orléans, etc.

La ligne n° 1 est souterraine, avec une demi-douzaine de stations entièrement ou partiellement à ciel ouvert.

La ligne n° 2, des Champs-Élysées à la Bastille, par la rue de Rivoli, s'embranche, aux Champs-Élysées, sur la ligne n° 1, traverse la place de la Concorde, le côté nord du jardin des Tuileries, suit les rues de Rivoli et Saint-Antoine, et arrive, sous la place de la Bastille, au même niveau que la ligne n° 1.

Elle est souterraine sur toute sa longueur, avec stations bien ventilées au jardin des Tuileries, à celui du Louvre, au square de la Tour Saint-Jacques, etc.

La ligne n° 3, de la station de l'Ouest-Ceinture à celle de la Chapelle Saint-Denis, par la rue de Rennes et le prolongement éventuel de cette rue, passe sous l'Institut, sous la Seine, sous les Halles centrales qu'elle dessert, la rue de Turbigo, les boulevards de Sébastopol et de Strasbourg. Au delà de la gare de l'Est, elle passe souterrainement au travers de propriétés particulières peu importantes, et ensuite sous l'un des accotements de la grande route de Paris à Saint-Denis.

La ligne n° 3 est à ciel ouvert depuis son origine jusqu'auprès de la gare de Montparnasse, souterraine depuis cette gare jusqu'au boulevard de la Chapelle, et à ciel ouvert depuis ce boulevard jusqu'aux dépendances de la gare des marchandises de la Chapelle.

La ligne n° 3 se raccorde avec les chemins de fer de l'Ouest (R. G.) et du Nord, au moyen de deux jonctions qui permettront d'envoyer, la nuit, aux Halles Centrales et à la Halle au blé, des trains d'approvisionnement (wagons complétement chargés de blé, farine, viande, marée, légumes, etc.) et de mieux utiliser les 40,000 mètres carrés du sous-sol des Halles.

Si les acquisitions de terrain entre la gare de Montparnasse et la station de l'Ouest-Ceinture devaient être onéreuses, le Métropolitain irait rejoindre le chemin de fer de Ceinture à la station de Montrouge, par la chaussée du Maine.

La ligne n° 4, de l'École militaire au chemin de fer de l'Est, par l'Arc de Triomphe de l'Étoile, longe le Champ de Mars, passe sur la Seine, pénètre sous le Trocadéro, les avenues du Roi-de-Rome et de la Reine-Hortense, les anciens boulevards extérieurs, le boulevard de Magenta, la place de Roubaix (gare du Nord), traverse souterrainement un pâté de constructions et vient se raccorder à la ligne n° 3, devant la gare de l'Est.

La ligne n° 4 est à ciel ouvert depuis son origine jusqu'au Trocadéro, et ensuite en souterrain jusqu'à son extrémité. Sept stations de cette ligne sont à ciel ouvert.

La ligne n° 4 bis (continuation de la ligne n° 4), de l'École militaire à la Bastille, par les gares de Montparnasse, d'Orléans, de Lyon et de Vincennes, longe d'abord l'École militaire, traverse quelques terrains peu bâtis, passe sous les boulevards du Montparnasse et de Port-Royal, sort de terre près de la rue Berthollet et passe, à 5 mètres environ au-dessus des rues, au travers de constructions de peu de valeur, au nord de l'église Saint-Médard, à l'angle sud du Jardin des Plantes, traverse, au moyen de ponts métalliques, la gare d'Orléans (à 7 mètres au-dessus des rails) et la Seine, touche la gare de Lyon au niveau de ses rails, passe au-dessus de l'avenue Daumesnil et descend, en pente de 20 millimètres, sous la gare du chemin de fer de Vincennes pour se relier, place de la Bastille, aux lignes souterraines n° 1 et n° 2.

La ligne n° 4 *bis* est souterraine depuis l'École militaire jusqu'à la rue Berthollet, et à ciel ouvert depuis ce point jusqu'à la gare actuelle de la Bastille.

Toutes les stations de cette ligne sont à ciel ouvert.

La ligne n° 5, du nouvel Opéra au chemin de fer de l'Ouest (R.D.) s'embranche sur la ligne n° 1, passe sous la place de l'Opéra, sous les rues Auber et de Rome, et se raccorde avec les rails du chemin de fer d'Auteuil près du boulevard des Batignolles. Elle est souterraine sur toute sa longueur.

Ligne de fer à double voie et embranchements à voie unique à construire ultérieurement.

Une ligne de fer entre le Jardin des Plantes et le Champ de Mars, par la rue des Écoles et l'hôtel des Invalides ;

Six embranchements, à voie unique, aboutissant tous, excepté un, au chemin de fer de Ceinture, savoir :

1° De la place Blanche à la station de l'avenue de Saint-Ouen ;
2° De la gare de l'Est à la station de Belleville-Villette ;
3° Du boulevard des Filles-du-Calvaire à la station de Ménilmontant ;
4° De la place de la Bastille à la station de Charonne ;
5° Du Champ de Mars à la station de Grenelle ;
6° Du square de Cluny à la gare de Sceaux.

Outre les raccordements avec les lignes du Nord et de l'Ouest (R.G. et R.D.) et de Vincennes, déjà compris dans les travaux à faire de suite, d'autres sont prévus avec les lignes de l'Est, de Lyon et d'Orléans.

Nous ne parlerons pas d'un tramway entre le pont de Neuilly et la station de Puteaux, qui raccourcirait d'environ 4 kilomètres le trajet vers Saint-Cloud et Versailles.

Avant d'indiquer les conditions techniques à observer pour l'exécution des tracés que nous venons d'énumérer, il y a lieu d'examiner les précédents, et nous croyons utile de donner à plusieurs de nos collègues,

qui n'ont point visité Londres depuis longtemps, quelques renseignements sur les railways établis au cœur même de cette ville. Ceux construits au sud de la Tamise sont sur arcades en briques, à 5 ou 6 mètres
au-dessus du niveau des rues, et à la place de maisons dont les plus éle-
vées dépassaient rarement deux étages. Nous ne nous arrêterons pas sur
ce mode d'établissement, qui serait très-dispendieux et, par conséquent,
inadmissible dans l'intérieur de Paris où les habitations, pressées les
unes contre les autres, sont généralement à cinq étages.

Au nord de la Tamise, le *Metropolitan Railway* et son prolongement,
nommé le *District Railway*, décrivent, sous les larges rues de Marylebone et d'Euston, au milieu des agglomérations de maisons londou-
niennes, et sous le nouveau quai de la Tamise, une courbe elliptique
irrégulière, non encore fermée vers l'est, commençant à Moorgate
Street, passant à l'ouest du palais de Kensington et finissant provisoirement près de Mansion House, demeure du lord maire. Un coup d'œil
jeté sur le plan de Londres (planche n° 1) suppléera avec avantage à la
description que nous pourrions donner de la direction de ces deux railways constamment au-dessous des rues de la ville.

Le tracé du Metropolitan Railway proprement dit fut approuvé en
1853 et 1854 par le Parlement. Des embarras financiers retardèrent jusqu'en 1859 le commencement des travaux, à l'exécution desquels s'inté-
ressa pécuniairement la Compagnie du Great Western, pour amener ses
voyageurs et ses marchandises vers le centre de Londres. Le premier
tronçon, compris entre les stations de Bishop's Road et de Farringdon
Street, fut ouvert aux voyageurs le 10 janvier 1863. MM. Derome et Bo-
reux, ingénieurs, en publièrent, dans les Annales des ponts et chaussées
de juillet et août 1866, une remarquable description sommaire, à laquelle
nous ferons plusieurs emprunts, ainsi qu'à une note de la Sous-Commission des tramways.

Ce tronçon, exécuté à deux voies, était à peine ouvert au public, que
la Compagnie du Metropolitan, en vue d'une grande extension de trafic,
achetait déjà les terrains pour construire, entre la station de King's Cross
et celle projetée à Moorgate, une autre ligne de fer également à deux
voies, parallèle à la première et *passant sous celle-ci*, près de la station
de Farringdon, afin d'établir la communication directe des chemins de
fer du Great Western, du Great Northern et du Midland avec celui du
Chatham et avec la gare de marchandises projetée sous le marché à la
viande de Smithfield, sans gêner la circulation des nombreux trains de
voyageurs sur les deux autres voies du Metropolitan. Cette ligne de fer
additionnelle fut ouverte aux trains de marchandises le 27 janvier 1868,
et aux trains de voyageurs le 17 février suivant, entre King's Cross et
Farringdon.

Le deuxième tronçon du Metropolitan, compris entre les stations de
Farringdon et de Moorgate, est presque entièrement à ciel ouvert. Il est

également à quatre voies, dont les deux premières, *qui étaient mixtes,* furent mises en exploitation : les voies étroites, le 23 décembre 1865, les voies larges, le 1ᵉʳ juillet 1866. Les deux autres voies furent mises en exploitation le 13 juillet 1868 jusqu'à Moorgate, pour la Compagnie du Midland.

Le troisième tronçon du Metropolitan, mis en exploitation le 24 décembre 1868, s'embranche près d'Edgware Road et s'avance vers l'ouest, jusqu'auprès de la station de Notting Hill, s'infléchit ensuite vers le sud jusqu'à la station de South Kensington, où il se soude avec le District Railway. Ce troisième tronçon fut, comme le deuxième, construit à grands frais à travers les maisons qu'on acheta et qu'on démolit presque toutes à l'emplacement du railway, parce que, dit-on, le sol sableux, en s'asséchant par suite de l'ouverture de la tranchée, les faisait se crevasser !

On fit de même sur le District Railway, jusqu'à Mansion House, excepté sur les bords de la Tamise, entre les ponts de Westminster et de Blackfriars, où le chemin de fer fut établi sous le quai monumental en construction sur la rive gauche de cette rivière.

Laissant de côté le District Railway, ainsi que les deuxième et troisième tronçons du Metropolitan, établis très-onéreusement, nous allons donner des détails sur la construction du tronçon primitif du Metropolitan Railway établi en grande partie sous les rues (comme on devra, autant que possible, le faire à Paris).

On s'était, à l'origine, exagéré les inconvénients du parcours en souterrain, qui nous occupe ; car il a suffi de quelques ouvertures pratiquées après coup dans le souterrain de 3250 mètres, pour le rendre aussi commode à parcourir que le reste du réseau. Aujourd'hui, personne ne se plaint, quoique les locomotives du Metropolitan et celles des autres Compagnies ne s'astreignent plus aux précautions des premiers temps, et marchent avec le même combustible et dans les mêmes conditions de condensation intermittente que dans les autres parties mieux aérées du railway.

Description sommaire du tronçon primitif du Metropolitan Railway.

Ce tronçon fut construit d'abord à deux voies. Il s'embranche sur le Great Western Railway à la station de Bishop's Road, établie à ciel ouvert, se dirige souterrainement vers l'est (voir la planche 1) sous plusieurs rues jusqu'à la station d'Edgware Road, également établie à ciel ouvert, ainsi que ses ateliers et remisages de locomotives et de wagons,

à l'emplacement de propriétés privées. En quittant cette station, le railway entre en un souterrain de 3 250 mètres de longueur, sous Marylebone
Road et Euston Road (avec trois stations à Baker Street, à Portland Road
et à Gower Street), jusqu'à l'importante station de King's Cross, également
ment établie à ciel ouvert, à la place de propriétés bâties.

Au delà de King's Cross, le railway, qui se dirigeait vers l'est, s'infléchit vers le sud-est. Il se développe à ciel ouvert, dans une tranchée
avec murs de soutènement, à l'emplacement des maisons et sous une
demi-douzaine de rues transversales, franchit ensuite deux tunnels, dis-
tants de 56 mètres, finissant à Ray-Street.

Au delà de cette rue, le railway est de nouveau à ciel ouvert et en
tranchée muraillée, à la place de propriétés bâties, jusqu'à la station de
Farringdon inclusivement.

Le tracé de la ligne principale comporte des courbes de divers rayons,
dont trois petits de 204^m.16 (10 chains), ayant ensemble un développement de 343 mètres et, près de la station de Bishop's Road, une courbe
de 175 mètres de rayon sur 158 mètres de longueur.

Le développement de la partie primitive du Metropolitan
est de. . . . . 6.082 mètres.
Celui des deux embranchements reliant la station de
King's Cross à celle du Great-Northern est de. 1.129
Total. . . . 7.211

PROFIL EN LONG. — Le railway est constamment au-dessous des rues. Les
rampes *maxima* ne dépassent pas 10 millimètres par mètre ('), dont deux
dans les stations souterraines de Baker Street et de Gower Street, et une
en courbe de 204 mètres de rayon, à la sortie de Farringdon, vers Moorgate Street. (Planche 3.)

SECTIONS COUVERTES AVEC VOUTES. — La section type des voûtes de
pleine ligne est une anse de panier à 3 centres, avec piédroits en arc de
cercle. La hauteur de ces piédroits est de 2^m.02, dont 1^m.68 au-dessus

(1) Les déclivités sont plus grandes sur le deuxième tronçon du Metropolitan, notamment
entre les stations de Gloucester Road et de Notting Hill Gate, où deux rampes de 0^m.0143
$\left(\frac{1}{70}\right)$, presque consécutives et en très-grande partie souterraines, ont ensemble un développement de 1146^m.63.

Sur l'embranchement de Saint John's Wood, entre la station de ce nom et celle de Baker
Street, existe une pente de 0^m.0227 $\left(\frac{1}{44}\right)$ sur 287 mètres, sans parler d'une rampe de
0^m.0167 ayant 649 mètres de longueur.

Sur le railway établi entre les stations de Farringdon et de Ludgate Hill, près de cette
dernière, il y a une rampe de 0^m.0255 sur 344 mètres de longueur.

des rails. L'ouverture aux naissances est de 8ᵐ.69, la montée de 3ᵐ.35 ; la clef est à 5ᵐ.03 au-dessus des rails. (Planche 4.)

La maçonnerie est entièrement en briques. La voûte est formée de 6 anneaux de briques ayant ensemble une épaisseur de 0ᵐ.69 ; les tympans sont remplis de béton, la chape est en asphalte.

Quand la nature du terrain l'a exigé, on a établi un radier général en arc de cercle, exécuté en briques, sur une épaisseur de 0ᵐ.46.

La largeur exceptionnelle de la plate-forme du chemin de fer résulte de ce qu'on avait primitivement établi chaque voie à 3 rails, dont les deux extrêmes étaient écartés de 2ᵐ.13, pour le large matériel du Great Western, en grande partie modifié depuis.

Dans ces dernières années, pour augmenter la ventilation et l'éclairage de la portion du grand tunnel sous Euston Road, on a découvert en partie la station de Portland Road, on a acheté une ou deux maisons qu'on a démolies pour établir des appels d'air sur le côté et on a pratiqué, au sommet de la voûte, cinq ouvertures composées d'une série de trous circulaires tangents, revêtus de fonte sur toute l'épaisseur de cette voûte, et formant une longue fissure ovale de 6ᵐ.50 de long sur 0ᵐ.90 de large, recouverte, au niveau des refuges établis sur l'axe de cette large rue, par des plaques de fonte évidées.

En 1872, cinq ouvertures semblables ont été pratiquées dans la voûte du tunnel sous Marylebone Road.

Sans grande dépense on est arrivé, par ces moyens, à mettre l'exploitation du Metropolitan dans de bonnes conditions.

Mode de construction des tunnels. — La partie de tunnel construite en galerie est à peine d'une centaine de mètres sur les 3.250 mètres en souterrain continu.

Les tunnels ont été généralement construits à ciel ouvert. Voici comment on a procédé pour gêner le moins possible la circulation :

On ouvrait, sur une faible longueur, de chaque côté de l'axe, une tranchée correspondante aux piédroits projetés, descendant jusqu'à la profondeur assignée à la fondation. Ces deux tranchées étaient généralement blindées sur toute leur hauteur. Les déblais, retroussés à droite et à gauche vers l'axe, étaient presque immédiatement enlevés au tombereau, la partie centrale restant non touchée et libre, tant pour les chantiers de maçonnerie que pour ceux de terrassement.

On faisait la maçonnerie des fondations et l'on montait jusqu'aux naissances celle des piédroits ; à ce moment on enlevait, sur une longueur restreinte, toute la masse de terre comprise entre le niveau du sol et les parois des deux tranchées jusqu'à un mètre environ au-dessous de la clef de la future voûte. Posant des cintres en fer appuyés sur coins, avec chandelles verticales portées sur les patins saillants du béton de fondation, on clavait la voûte, on y faisait la chape en asphalte et on remblayait immédiatement, avec une partie des terres provenant du pâté central supérieur de la portion à voûter à la suite. De la sorte, on n'obstruait avec la terre, les tombereaux et les matériaux de construction, qu'un espace restreint et pendant un temps relativement court; car, une fois la voûte faite sur une certaine longueur, on choisissait un endroit convenable, où les dégagements fussent faciles; on laissait, au point correspondant dans cette voûte, une ouverture par laquelle les terres du pâté central étaient remontées, et on descendait les matériaux nécessaires pour compléter la maçonnerie, construire l'aqueduc de drainage central et le radier, quand il était ordonné.

Les terres, chargées sur wagonnets, venaient, par le souterrain voûté, au fur et à mesure de leur enlèvement, se présenter sous l'ouverture, où des grues à vapeur les ramenaient au-dessus du sol, dans les tombereaux disposés pour les recevoir et les conduire soit à une décharge publique, soit à tout autre point où l'entrepreneur savait qu'on en manquait (¹).

Sections couvertes avec poutres. — Quand on était limité en hauteur par des égouts, des conduites d'eau, des voies publiques, etc., les voûtes ont été remplacées par des tabliers métalliques, dont la description intéresserait peu, et au-dessus desquels restait une distance minimum de $0^m.30$ à $0^m.45$ pour le macadamisage ou le pavage de la chaussée.

Sections a ciel ouvert. — Les parties en tranchée sont revêtues de murs de soutènement, afin qu'elles occupent la moindre largeur possible dans des terrains d'un prix élevé. Ces murs, inclinés au 1/8, sont formés de piliers entièrement en briques, de $0^m.91$ de largeur, d'espacement et d'épaisseur variant avec la nature du terrain et la profondeur des tranchées. Au-dessus de ces piliers sont jetées de petites voûtes supportant le mur de clôture, haut de 6 pieds ($1^m.83$). Ces piliers sont reliés par des murs courbes inclinés, comme eux, au 1/8, épais d'une brique et demie ($0^m.33$) à leur base et d'une brique ($0^m.22$) à leur sommet, quand la différence de niveau entre les rails et le sol n'est que de $4^m.50$ à 6 mètres.

En arrière du massif ainsi formé et pour remplir le vide entre le mur courbe et la paroi de la fouille, on a coulé du béton de ciment relié avec celui des fondations.

En certains points de la tranchée, surtout quand la profondeur augmente, les deux murs parallèles sont entretoisés par des croisillons en fonte.

---

(1) Plus tard, quand le Metropolitan s'est approché de la Tamise, on amenait les terres au bord de la rivière, et on les déchargeait sur des chalands, lesquels les remontaient en remblai du nouveau parc de Battersea, ou les descendaient vers Blackwall, pour l'installation des établissements récents où se manipulent les déjections de Londres.

Égouts, conduites d'eau et de gaz rencontrés. — Les conduites d'eau et de gaz, longeant la ligne, ont été placées sur les reins de la voûte du tunnel ou à faible distance de son sommet. Celles qu'on coupait plus ou moins obliquement ont été ramenées perpendiculairement à l'axe de la section couverte et, dans le cas où elles auraient pénétré dans la voûte, on remplaçait, en ce point, la section voûtée par une section à poutres métalliques, naturellement moins élevée au-dessus du rail et permettant aux conduites de passer sans que leur forme fût modifiée.

Les difficultés ont été beaucoup plus sérieuses pour les égouts. On a obtenu de modifier la direction des égouts secondaires rencontrés à un niveau tel, qu'on ne pouvait passer ni au-dessus ni au-dessous d'eux. On a été autorisé à les ramener latéralement au railway, sans changer leur section, sur les reins des voûtes ou derrière les murs latéraux, jusqu'à ce qu'on rencontrât un égout inférieur plus important sur lequel on pût les brancher.

Mais il a fallu conserver la direction, la pente et la section des égouts principaux, sauf à remplacer, au besoin, le tube en maçonnerie par un tube métallique de même section et de même forme, mais à parois moins épaisses, ou bien à enlever la calotte supérieure de l'ouvrage maçonné et à la remplacer par des plaques métalliques bien étanches et fortement assujetties, afin de résister aux sous-pressions.

Stations. — Le tronçon primitif du Metropolitan Railvay comporte sept stations : quatre à ciel ouvert et trois en souterrain (dont une découverte partiellement).

Stations à ciel ouvert. — Les quatre stations à ciel ouvert, en tranchée muraillée, sont celles de Bishop's Road, d'Edgware Road, de King's Cross et de Farringdon Street. Dans ces stations, le bâtiment est placé au-dessus du chemin de fer, perpendiculairement aux voies, avec entrée sur la voie publique. Un comble métallique vitré couvre les voies et les quais, sur une longueur de 90 mètres environ. Des passerelles, avec escaliers ménagés ordinairement dans l'épaisseur des murs de soutènement, établissent la communication entre les quais et la voie publique, *et vice versa*, et même des quais entre eux.

Stations en souterrain. — Les trois stations souterraines sont celles de Baker Street, de Gower Street et de Portland Road. Cette dernière ayant été découverte partiellement dans ces dernières années, nous ne décrirons que le type appliqué aux deux autres stations, qui ont chacune pour axe celui de la chaussée.

Ce type de station, représenté en plan et en coupe transversale, au bas de la planche 4, se compose de deux pavillons carrés, identiques, ayant environ 11 mètres de côté, à simple rez-de-chaussée, établis en regard, de chaque côté de la rue, au niveau des trottoirs, dans les jardinets qui bordent cette rue. Chaque pavillon, construit en briques, contient seulement un bureau de distribution des billets, placé entre deux escaliers qui conduisent les voyageurs sur le quai, ou les amènent sur la voie publique. Les quais, de plain-pied avec le plancher des wagons, sont formés de murettes en maçonnerie supportant des madriers recouverts d'un platelage parallèle aux voies. Ils ont une longueur de 90 mètres environ sur 3 mètres de largeur (largeur qu'on vient d'augmenter, par suite de la suppression du troisième rail spécial au large matériel du Great Western).

Sur cette longueur, les deux voies et les quais sont recouverts par une voûte en arc de cercle de $9^m.75$ de rayon, $13^m.72$ de corde et $2^m.74$ de flèche. La voûte est faite de dix rangs de briques aux naissances et de six rangs à la clef, ayant une épaisseur de $0^m.74$. Les rails sont à $3^m.50$ en contre-bas des naissances.

Les piédroits, larges de $1^m.14$, espacés de $3^m.04$ d'axe en axe et faisant saillie de $0^m.46$ sur le nu du mur, sont verticaux. Entre ces piédroits, la voûte est percée, à sa naissance, de grands soupiraux pour l'éclairage et la ventilation de la station. Ils ont $3^m.20$ de hauteur maximum et $1^m.45$ entre les faces latérales, raccordées en haut et en bas par des surfaces cylindriques dont la génératrice inférieure est inclinée à 45°. La surface intérieure de ces soupiraux est revêtue de carreaux blancs en faïence qui réfléchissent une lumière suffisante dans la station souterraine. Ces grands soupiraux, nombreux de chaque côté de la voie, débouchent dans la partie des jardinets contiguë au trottoir de la rue. Ils sont recouverts de plaques de fonte, dont les vides sont égaux aux pleins et qu'on peut soulever pour nettoyer l'intérieur.

Matériel fixe. — *Voies et Aiguillages.* — A l'origine, chaque voie du *Metropolitan* était *mixte*, c'est-à-dire formée de trois rails à patin dont les deux extrêmes, espacés de $2^m.13$, recevaient le large matériel du Great Western. Le rail intermédiaire formait, avec le rail intérieur, la voie *étroite* sur laquelle circulent encore aujourd'hui le matériel du Metropolitan et celui des autres Compagnies. Les rails de cette voie sont espacés, comme en France, de $1^m.50$ d'axe en axe.

Le Great Western ayant diminué la largeur d'une grande partie de son matériel, le troisième rail, devenu inutile, a été enlevé.

Les aiguillages ne présentent rien de particulier, sinon que ceux dont on se sert souvent, tels que ceux des bifurcations, sont manœuvrés à des distances parfois très-grandes, au moyen de grosses tiges rondes en fer. En principe, le même agent manœuvre à distance, à la fois, l'aiguillage et le signal; un système d'enclanchement spécial l'empêche, non de se tromper, mais de faire des signaux contradictoires.

Signaux. — Les signaux usités sur le Metropolitan sont du système

Saxby et Farmer. Ils sont généralement fixés à un poteau carré placé en tête de chaque quai à voyageurs, ou à la poutre de rive d'un tablier métallique voisin de la tête du train en stationnement. Ils sont tous manœuvrés à distance par un agent spécial (*signal man*) à poste fixe, dans une grande guérite d'où il manœuvre, également à distance, les principaux aiguillages. Chaque signal se compose d'une lanterne immobile, éclairée au gaz, devant laquelle oscille, dans un plan vertical, un rectangle métallique peint en vermillon, où sont enchâssés, l'un au-dessus de l'autre, deux verres lenticulaires : un rouge et un de couleur verte.

La voie est fermée quand le rectangle vermillon est horizontal et alors le verre rouge est devant la lanterne.

La voie est libre quand ce rectangle s'incline à 45°, et alors c'est la lentille verte qui est éclairée.

La protection des trains a lieu par le système du *blocus*, c'est-à-dire à voie fermée. Un train ne doit partir d'une station qu'après la mise à voie libre du signal Saxby. Or, ceci ne peut avoir lieu que quand l'agent spécial, enfermé dans sa guérite, a vu l'indicateur mobile placé sous ses yeux, et manœuvré télégraphiquement de la station voisine, lui annoncer que le train marchant sur la même voie quitte cette station. Du reste, il existe entre le signal Saxby et l'indicateur télégraphique une liaison réciproque qui assure le fonctionnement régulier du système et prévient toute erreur. Par ce système, les trains sont forcément espacés du temps nécessaire au parcours de la distance maximum entre deux stations consécutives. Celles-ci étant espacées d'une manière assez uniforme, excepté entre Gower Street et King's Cross (distance 1187 mètres), et entre cette dernière station et celle de Farringdon (distance actuelle 1589 mètres), on a réduit fictivement de moitié ces deux distances, en y établissant des stations télégraphiques, avec agent à poste fixe qui arrête les trains jusqu'à ce que la voie soit libre dans la station vers laquelle on se dirige.

On voit que, sans changer la vitesse, si l'on voulait augmenter le nombre des trains, il suffirait d'établir d'autres postes télégraphiques entre les stations.

Matériel roulant. — L'exploitation d'une ligne de fer en grande partie souterraine, à rampes de 10 millimètres, à courbes n'ayant parfois que 201 mètres de rayon et dont les stations sont fort rapprochées, exigeait un matériel spécial.

Locomotives. — Les locomotives sont disposées de manière à pouvoir s'arrêter très-rapidement, facilement, repartir de même et avoir repris en quelques secondes, la vitesse normale de 40 kilomètres à l'heure, sans laisser, dans les parties souterraines, ni fumée, ni gaz, ni vapeur en quantité suffisante pour gêner les voyageurs ou empêcher de voir parfaitement les signaux.

Pour atteindre ces divers résultats, les locomotives ont des cylindres, un foyer, et une grille, de dimensions exceptionnelles, au moyen desquels on obtient, en quelques instants, une quantité de vapeur considérable et la vitesse normale de 40 kilomètres. La vapeur et la fumée peuvent, à la volonté du mécanicien, s'échapper par la cheminée, ou être envoyées dans deux grandes soutes remplies d'eau froide, placées de chaque côté de la chaudière, et dont le contenu s'échauffe assez rapidement pour qu'on soit obligé de le renouveler dès l'arrivée à la station extrême.

Les dimensions de ces soutes, fort insuffisantes autrefois, sont déterminées de telle façon que la condensation s'effectue jusqu'à la fin du trajet du train.

Wagons. — Les wagons sont plus longs que ceux des cinq grandes Compagnies de chemins de fer français. Chaque compartiment fermé est éclairé par deux becs de gaz. Ce gaz est contenu dans un grand sac rectangulaire en caoutchouc, placé dans une boîte couvrant entièrement le wagon et qu'on remplit aux gares extrêmes, à chaque voyage, au moyen d'un grand tube en caoutchouc communiquant avec un gazomètre. Un cadran à aiguille indique le moment où le remplissage est terminé.

Trains ordinaires. — Un train de voyageurs se compose presque invariablement de cinq wagons à huit compartiments ou de dix à quatre compartiments, dont deux wagons de deuxième classe à une extrémité, un de première classe au milieu et deux de troisième classe à l'autre extrémité.

A la station terminus, la locomotive du train reste bloquée au fond de cette station jusqu'après le départ de ce train, ce dont elle profite pour renouveler son eau de condensation et s'alimenter, afin d'être prête à repartir en tête du train suivant.

Chaque train s'arrête une demi-minute environ aux gares intermédiaires et 4 à 5 minutes aux deux gares extrêmes.

La vitesse est de 25 milles ou 40 kilomètres à l'heure entre les stations. Tous arrêts compris, elle ne dépasse pas la moitié de ce chiffre.

Le nombre de trains a été sans cesse en augmentant depuis l'ouverture du Metropolitan.

En août 1863, il était de 146 par jour. En juin 1865, il était déjà de 310 par jour, soit 155 trains dans chaque sens, de six heures du matin à minuit, et le nombre des voyageurs était, à cette époque, de 151 en moyenne par train.

La longueur actuellement exploitée, à deux ou à quatre voies, du Metropolitan railway proprement dit, depuis le fond de la station de Moorgate jusqu'à l'axe de celle de South Kensington, est de 11530 mètres, d'après les chiffres officiels du Clearing House, et de 11,370 mètres d'après les profils en long du Metropolitan, non compris les raccordements avec quatre des grandes lignes de fer aboutissant à Londres.

Pour cette exploitation, le Metropolitan possédait, au 31 décembre 1872, le matériel suivant :

49 machines-tenders, munies de condenseurs.
43 voitures de première classe.
31 — mixtes.
40 — de deuxième classe.
66 — de troisième classe.
11 wagons à ballast.
4 — breacks.

Le nombre de locomotives et de voitures des trois classes était le même depuis deux ans.

Afin d'éviter de transborder les voyageurs au point où la ligne du Metropolitan et celle du District se soudent, les deux Compagnies se sont entendues pour que chacun de leurs trains parcoure entièrement les deux lignes (depuis Moorgate jusqu'à Mansion House *et vice versa*).

Trains spéciaux d'ouvriers. — La plupart des Compagnies de chemins de fer aboutissant à Londres ont des trains spéciaux d'ouvriers, le matin de très-bonne heure et le soir après la fermeture des ateliers, afin que les ouvriers qui habitent la banlieue puissent arriver, sans fatigue, à l'usine ou au chantier situé dans la métropole. Ces trains, dont les prix sont très-réduits, ne comportent que des wagons de troisième classe. Les Compagnies du Great Eastern et du Chatham délivrent des abonnements à la semaine. D'autres Compagnies ne délivrent pas encore d'abonnements, mais accordent une réduction de 50 p. 100 sur le tarif ordinaire. Le Metropolitan Railway délivre des billets d'aller et retour moyennant 21 centimes (2 pence) pour ces trains spéciaux qui, en juillet 1866, transportaient déjà 1,800 à 2,000 ouvriers par jour.

Dépenses. — Le tronçon primitif du Metropolitan Railway (entre les stations de Bishop's Road et de Farringdon Street), d'une longueur totale de 7,211 mètres, y compris les deux raccordements du Great Northern, a coûté 32,500,000 fr. (1,300,000 livres sterling), soit environ 4,500 fr. le mètre courant, dont un cinquième, environ, construit à travers les propriétés particulières. Les deux autres tronçons, l'un vers Moorgate, l'autre vers Brompton, ont donné lieu à des dépenses exorbitantes qui ont compromis la prospérité du Railway.

Recettes, bénéfices et taux du revenu annuel. — Voici, d'après les comptes rendus semestriels publiés par la Compagnie du Metropolitan, la statistique des recettes, des dépenses et du revenu annuel, depuis l'ouverture du chemin de fer, le 10 janvier 1863, jusqu'au 31 décembre 1872.

Années.	Nombre de voyageurs.	Recettes brutes. — Voyageurs et marchandises seulement (1).	Dépenses d'exploitation (entretien et renouvellement de la voie, des bâtiments et du matériel. Appointements et salaires).	Bénéfices d'exploitation nets (1).	Rapport des dépenses aux recettes.
	fr.	fr.	fr.	fr.	fr.
1863	9.455.175	2.542.675	1.508.675	1.034.000	0.593
1864	11.721.889	2.912.225	1.142.850	1.769.375	0.392
1865	15.763.907	3.537.825	1.387.625	2.150.200	0.392
1866	21.273.104	5.256.050	2.114.000	3.142.050	0.402
1867	23.405.282	5.829.500	2.251.775	3.577.725	0.386
1868	27.708.011	7.106.075	2.646.725	4.459.350	0.372
1869	36.893.791	9.352.075	4.111.500	5.237.575	0.440
1870	39.160.849	9.634.300	3.837.250	5.797.050	0.398
1871	42.765.427	9.901.700	3.754.700	6.147.000	0.379
1872	44.392.440	10.034.750	4.806.925	5.227.825	0.479
»	272.539.875	66.107.175	27.565.025	38.542.150	»

Revenu p. 100 annuel des divers capitaux émis successivement par la Compagnie du Metropolitan Railway.

Années.	Preference stock.	New redeemable Preference.	New Preference stock, 1869.	Convertible Preference stock, 1869.	New convertible Preference stock, 1871.	New Irredeemable Preference stock, 1872.	Extension stock. Id. capital.	Debenture bonds. Id. capital.	New Ordinary stock.	Ordinary stock. Consolidated stock.	Preferred Ordinary stock.	Deferred Ordinary stock.	Montant total, au 31 décembre, de tous les capitaux émis et emprunts faits par la Compagnie du Metropolitan Railway.
													fr.
1863	5	»	»	»	»	»	»	5 et 6	»	5	»	»	43.557.675
1864	5	»	»	»	»	»	»	4 1/4 à 6	7	6 1/4	»	»	59.331.350
1865	5	»	»	»	»	»	»	4 1/4 à 6	7	7	»	»	90.974.350
1866	5	»	»	»	»	»	»	1 1/4 à 6	7	7	»	»	118.091.425
1867	5	5	»	»	»	»	6	inconnu	»	7	»	»	143.705.875
1868	5	5	»	»	»	»	6	1 à 5	»	7	6	8	159.367.725
1869	5	5	5	5	»	»	4	1 à 5	»	4	6	2	173.229.700
1870	5	5	5	5	»	»	»	4 à 5	»	3 1/4	6	1/2	183.781.525
1871	5	5	5	5	5	»	»	4 à 5	»	3 1/4	5 3/4	3/4	189.166.650
1872	5	5	5	5	5	5	»	4 à 5	»	1 1/2	3	0	193.816.625
»	»	»	»	»	»	»	»	»	»	»	»	»	»

(1) Non compris le revenu annuel des locations :

1° Dans les stations (buffets, affiches, librairies, etc.), qui a été de 638 425 francs en 1872, de 632 500 francs en 1871, de 657 825 francs en 1870, de 649 150 francs en 1869, etc., etc.

2° Des propriétés bâties ou non bâties, devenues disponibles après la construction du chemin de fer. Ces propriétés, que le Metropolitan vend au fur et à mesure, avaient, en février 1870, une valeur vénale de trente millions de francs, savoir :

Maisons non hypothéquées. .... 13.618.000 fr.
Terrains non hypothéqués. 13.150.250
Maisons louées à bail, à divers termes. 3.273.475
Total. .... 30.041.725 fr.

Le tableau précédent démontre que le Metropolitan Railway était dans une situation prospère, même après la construction coûteuse du tronçon à quatre voies, en grande partie à ciel ouvert, entre les stations de Farringdon et de Moorgate, car, du deuxième semestre de 1864 jusqu'au deuxième de 1868, le « Consolidated stock », le principal des capitaux créés successivement par la Compagnie, rapportait 7 p. 100 par an, alors que la Compagnie trouvait à emprunter plus de 10 millions au taux de 4, 4 1/4 et 4 1/2 p. 100 par an. Ce furent les dépenses exagérées du troisième tronçon, construit à ciel ouvert, à travers les maisons du West End, entre Edgware Road et South Kensington, mis en exploitation le 24 décembre 1868, qui portèrent un coup funeste à cette prospérité qui n'était point factice car, avec l'autorisation du Parlement, la Compagnie du Metropolitan souscrivait, en 1867, pour 2,500,000 fr. (100,000 livres sterling) à l'achèvement du Saint-John's Wood Railway, s'embranchant à la station de Baker Street.

M. E. Flachat « ne peut admettre que les Anglais aient abandonné, à Londres, l'emploi du souterrain par suite des *difficultés d'aération*. La preuve est que ces difficultés ont été surmontées dans celui qui existe, avec de légères dépenses, et jamais on n'a entendu donner ce motif par les ingénieurs anglais qui ont dirigé ces entreprises. Le motif a, évidemment, été *tout autre*. » (Séance des Ingénieurs civils, du 17 mai 1872.)

Tarifs. — En avril 1865, le prix des places fut diminué, entre deux stations intermédiaires, et fixé ainsi qu'il suit :

Parcours total (entre Farringdon et Bishop's Road = 6,082 mètres).

CLASSES.	Billets simples.	Billets d'aller et retour.
1re classe............	0f 60	0f 90
2e classe............	0 40	0 60
3e classe............	0 30	0 50

Parcours entre deux stations intermédiaires.

CLASSES.	Billets simples.	Billets d'aller et retour.
1re classe............	0f 30	0f 40
2e classe............	0 20	0 30
3e classe............	0 10	0 20

Cette réduction fut aussi avantageuse pour la Compagnie que pour le public.

Le 1ᵉʳ novembre 1870, le prix des places fut de nouveau réduit entre
la station de Moorgate et celles du West End, aussi loin que Bayswater
(distance 8,088 mètres), savoir .

TARIFS.	Billets simples.			Billets d'aller et retour.		
	1ʳᵉ classe.	2ᵉ classe.	3ᵉ classe.	1ʳᵉ classe.	2ᵉ classe.	3ᵉ classe.
Ancien tarif..	0ᶠ 83	0ᶠ 63	0ᶠ 42	1ᶠ 25	0ᶠ 94	0ᶠ 63
Nouveau tarif.	0 63	0 42	0 31	0 94	0 63	0 52

L'Administrateur général du Metropolitan constate que le résultat de
ces réductions fut satisfaisant, et il projette d'en proposer pour quelques
autres stations. (*Rapport semestriel de février* 1871, page 3.)

Supposant que les divers renseignements qui viennent d'être donnés
sur ce qui existe à Londres suffiront, nous allons continuer la description
de notre Projet de chemins de fer dans Paris, et indiquer les principales
conditions techniques à observer pour l'exécution des tracés énumérés
en tête de cette Notice.

Suite de la description du Réseau projeté dans Paris.

PROFILS EN LONG. — Les profils en long (planche 3) indiquent les
paliers, pentes et rampes, les courbes et les alignements, les types de
tunnels ou de tabliers métalliques à construire sur chaque point du
projet, les distances entre les stations projetées, les cotes du sol, d'après
les nivellements des ingénieurs de la Ville, ou ceux que nous avons fait
faire dans quatre ou cinq quartiers de Paris, tous les égouts, leurs cotes
de radier et leurs types numérotés qu'on retrouve, dessinés à grande
échelle, sur la feuille spéciale des coupes transversales (planche 4).

Voici, sommairement, les principales conditions remplies dans l'étude
des profils en long.

Aucune rue n'est interceptée, ni déviée, ni traversée à niveau.

Deux lignes de fer ne se croisent jamais au même niveau, afin d'éviter
des accidents ou des retards qui compromettraient la régularité indispensable des nombreux trains circulant sur chacune d'elles.

Aucune rampe ne dépasse 20 millimètres.

Un palier de 100 mètres, au moins, est prévu entre toutes les déclivités
en sens contraire.

Le rayon minimum des courbes est de 200 mètres. Hormis deux exceptions qui disparaîtront peut-être après étude du parcellaire, ce minimum ne figure qu'aux raccordements des chemins de fer de l'Est, de Lyon et d'Orléans avec le réseau métropolitain.

Un alignement droit est prévu entre toutes les courbes en sens contraire, afin de pouvoir exhausser le rail extérieur de chaque voie courbe et combattre l'action de la force centrifuge.

On profite de ce que le rez-de-chaussée de la gare de Vincennes n'est guère occupé, du côté du canal Saint-Martin, que par un escalier de 6 mètres de largeur, pour mettre en rampe de $0^m,020$ le chemin de fer métropolitain qui, en souterrain sous la place de la Bastille, franchit sur un pont métallique l'avenue Daumesnil, passe presque au niveau des rails de la gare de Lyon, et, après avoir traversé la Seine sur un pont, arrive au-dessus de la gare d'Orléans, où des escaliers ou des ascenseurs mettront le Métropolitain en communication immédiate avec les salles d'attente ou de sortie de cette gare.

L'exécution de ponts sur la Seine, à l'angle N.-O. du Champ de Mars et en face de la gare d'Orléans, ne présente évidemment rien qui ne soit déjà connu des ingénieurs, car bon nombre de ponts ont été construits sur la Seine, dans leur voisinage, depuis le commencement du dix-neuvième siècle.

Le tunnel sous la Seine, entre l'Institut et l'angle S.-E. du Louvre, présentera certainement moins de difficultés que celles qui ont été surmontées, à Londres, par notre compatriote Brunel, quand il a exécuté un tunnel deux fois aussi long, dans le sol presque bourbeux de la Tamise, sans gêner le passage des nombreux navires arrivant de tous les points du globe!

C'est évidemment ce même sol qu'ont rencontré les ingénieurs du Metropolitan District Railway, entre les stations de Victoria et de Mansion House, où la fondation du tunnel longeant la Tamise descend jusqu'à 24 pieds ($7^m,32$) au-dessous du rail pour trouver le gravier ou l'argile suffisamment solide.

Sous la Seine, près de l'Institut, rien de semblable ne paraît à redouter; car il résulte de sondages faits par ordre des ingénieurs de la Navigation, à quelque distance de là, sondages descendant à 10 mètres en contrebas du fond du fleuve, qu'au dessous d'une couche de sable vaseux, ayant moins d'un mètre d'épaisseur, on trouve le terrain solide composé successivement de gravier, calcaire marneux, calcaire siliceux, terre marneuse, calcaire blanchâtre, marne blanche, calcaire blanchâtre très-dur, etc.

En jetant les yeux sur la belle carte géologique, avec coupes verticales, du département de la Seine, dressée en 1865 par M. Delesse, ingénieur en chef des Mines, on constate que le terrain dans lequel est projeté le tunnel est identique à celui des sondages dont il vient d'être question.

La longueur totale des lignes à construire de suite est de. . . 40,650^m
    id.   id.   id.   éventuellement. . . 17,850
                                  Total. . . . . 58,500^m

non compris les raccordements spéciaux, *par rails,* avec tous les chemins de fer (excepté celui de Sceaux) en exploitation dans Paris, les voies projetées pour desservir directement le sous-sol des Halles centrales et pour relier, près de la porte Saint-Martin, la ligne de fer des boulevards intérieurs avec celle du boulevard de Sébastopol.

Les divers éléments des tracés et des profils en long du réseau à construire de suite sont résumés ci-après :

TRACÉS ET PROFILS.	LONGUEURS.
1° TRACÉS EN PLAN.	mètres.
Alignements droits	31.462
Courbes de rayons supérieurs à 300 mètres	2.466
de 300 mètres de rayon	4.396
de rayons compris entre 250 et 300 mètres	449
de 250 mètres de rayon	1.282
de 230 mètres de rayon	160
de 200 mètres de rayon	435
Total	40.650
2° PROFILS EN LONG.	
Parties en palier	6.148
Déclivités inférieures à 10 millimètres par mètre	17.860
égales à 10 millimètres	1.576
entre 10 et 20 millimètres	8.911
égales à 20 millimètres	6.155
Total	40.650

PROFILS EN TRAVERS. — Après avoir examiné, sur place, les divers chemins de fer établis dans l'intérieur des principales villes d'Angleterre, d'Écosse, etc., et constaté que leur section transversale n'était pas réduite, nous avons adopté, pour les lignes de fer à construire de suite, les dimensions de 7^m,40 de largeur entre les piédroits des souterrains et autres ouvrages d'art, et de 4^m,30 de hauteur libre au-dessus du rail extérieur. Ce sont les dimensions normales des six grandes lignes de fer aboutissant à Paris. Elles permettront aux trains de l'extérieur d'arriver jusqu'au centre de la ville, *et vice versa,* comme à Londres.

Les parties de lignes de fer souterraines seront ordinairement voûtées en plein cintre et, exceptionnellement, à voûte surbaissée ou à tablier métallique.

Les parties en tranchée seront muraillées, afin d'occuper moins de surface.

Les parties au-dessus du sol seront, autant que possible, en remblai muraillé ou sur arcades en maçonnerie.

Des tabliers métalliques sur colonnes seront établis où ils sont indispensables pour assurer les communications, sans masquer la vue, notamment à la traversée de la gare d'Orléans.

Les épaisseurs des voûtes et des tabliers métalliques sont calculées pour supporter les gros rouleaux compresseurs employés par le Service municipal de Paris, pour le cylindrage des chaussées. On se rappelle qu'un de ces rouleaux passa au travers d'un viaduc de la ligne d'Orléans, près de la gare de Paris.

Dans les parties souterraines ou muraillées, des niches seront établies à 15 mètres les unes des autres, afin de permettre aux agents de la voie de se garer.

Mode de construction des tunnels. — 1° *Sous les voies publiques*. Le mode de construction, à ciel ouvert, des tunnels du Réseau parisien, sous les voies publiques, sera identique à celui du Metropolitan Railway, dont nous venons de donner la description détaillée. La maçonnerie sera en meulière et ciment durcissant rapidement, afin de gêner le moins longtemps possible la circulation dans les rues.

2° *Sous les propriétés bâties*. D'après les nouvelles Annales de la construction, M..Bassompierre, ingénieur principal du chemin de fer de Paris à Vincennes, a construit les tunnels de Vincennes et de Reuilly à ciel ouvert, par tranches successives, et de la manière suivante : Après avoir arrêté l'axe du tracé sur le terrain, on creusait d'abord deux tranchées latérales destinées à recevoir les piédroits de la voûte, et on les étrésillonnait avec soin. Cela fait, et les piédroits construits, on retenait les terres au moyen de deux petits murs de soutènement, depuis la naissance de la voûte à établir, jusqu'à une distance du niveau du sol, variable suivant la consistance du terrain.

Au souterrain de Vincennes, qui est construit sous une rue entre deux rangées de maisons, les murs de soutènement ont été poussés jusqu'à 0ᵐ,60 environ en contrebas du pavé. C'est alors seulement que l'on enlevait la partie supérieure du bloc de terre laissé intact entre les deux tranchées, afin d'établir les cintres de la voûte et de maçonner la voûte elle-même sur 0ᵐ,70 environ d'épaisseur.

Pour éviter la démolition de la cité ouvrière de Reuilly, M. Bassompierre a pris le parti de construire le tunnel par anneaux successifs, en commençant par ceux destinés à soutenir les angles et les parties résistantes des bâtiments, et en remplissant ensuite les intervalles par des voûtes continues, faites à ciel ouvert. Cette méthode ingénieuse, appliquée pour la première fois dans le cas dont il s'agit, a parfaitement réussi. Les maçonneries de la Cité n'ont pas manifesté le moindre mouvement, et les constructions ont été rendues au service dans l'état où elles se trouvaient avant le passage du chemin de fer. L'ordre des travaux, pour la construction d'un anneau, était le suivant : Après avoir tracé l'axe du tunnel, étrésillonné les portes et fenêtres et étayé les points principaux de la maçonnerie, on creusait, au pied des murs des divers bâtiments, des rigoles assez profondes pour passer, sous les fondations des angles, de gros madriers transversaux ayant $0^m,35$ d'équarrissage. Cela fait, et la maçonnerie de la maison se trouvant ainsi parfaitement soutenue, on établissait d'abord, dans deux tranchées, larges de 3 mètres et profondes de $8^m,20$, les piédroits de la voûte et ensuite la voûte elle-même, en deux opérations successives. La voûte faite, on la reliait au coin de l'édifice en posant sur elle une sorte de pyramide à faces courbes et évasées ayant pour base les reins de la voûte et pour sommet le pied des fondations à soutenir. Il ne restait plus alors qu'à joindre ensemble les différents anneaux du tunnel et à remblayer, comme d'ordinaire.

3° *Sous la Seine.* Le tunnel sous la Seine, près de l'Institut, sera également construit à ciel ouvert, à l'époque des basses eaux, et en trois portions, afin de ne pas gêner la navigation. Un lit de béton, d'épaisseur suffisante, recouvrira la voûte en maçonnerie, afin de la préserver des ancres de marine. Le dessus de ce lit de béton sera à $2^m,50$ en contrebas de l'étiage, distance adoptée par le service de la Navigation.

PLANTATIONS. — Sauf exception, aucune plantation ne sera supprimée au-dessus du chemin de fer souterrain, qui sera construit à une profondeur suffisante pour le maintien des plantations d'arbres, si chères aux Parisiens, ou leur remplacement par d'autres essences d'arbres à racines exigeant une profondeur moindre.

Voici, à ce sujet, les indications qui nous ont été fournies par un savant arboriculteur et horticulteur :

La distance indispensable entre le niveau du sol parisien et l'extrados de la voûte du tunnel, pour que les arbres continuent à se développer, est d'environ :

$1^m,00$ à $1^m,30$ pour les acacias, les érables et les catalpas ;
$2^m,00$ pour les platanes ;
$2^m,75$ pour les marronniers ;
$3^m,00$ pour les ormes.

ÉGOUTS. — Notre projet de réseau métropolitain peut être exécuté sans toucher à aucun égout important. Les profils en long comportent l'étude dans ces conditions. Toutefois, il serait utile de déplacer deux fois, sans changement de niveau, le collecteur (type 5) des coteaux de la rive droite : 1° rue Saint-Lazare (ligne du nouvel Opéra au chemin de fer de l'Ouest), afin de ne point enfoncer trop profondément cette ligne dans la nappe aquifère et, surtout, pour diminuer la différence de niveau et, par conséquent, le nombre de marches d'escalier entre la salle des Pas-Perdus de la gare Saint-Lazare et les quais de la station contiguë ; 2° à l'intersection de la rue du Château-d'Eau et du boulevard de Strasbourg (ligne de fer n° 3), afin d'éviter l'alternative d'un plus grand nombre de marches d'escalier entre la gare de l'Est et la station contiguë, ou l'établissement d'une rampe dépassant le maximum de 20 millimètres, qui serait la seule de tout le Réseau.

Stations. — Les stations souterraines auront 15 mètres de largeur entre le nu des murs, et des quais de 100 mètres de longueur. Elles seront, suivant les hauteurs disponibles, voûtées en arc de cercle ou à tablier métallique. Dans la plupart des stations de croisement ou de raccordement de lignes de fer, des passerelles permettront d'aller d'un quai sur un autre sans remonter au niveau de la chaussée.

Un certain nombre de stations seront à ciel ouvert, ou avec de larges ouvertures ménagées dans la voûte et, autant que possible, aux extrémités, au-dessus du point d'arrêt des locomotives. Dans le cas où l'établissement des ouvertures au sommet serait impossible, des hottes en tôle, longues de plusieurs mètres et un peu plus larges que la partie supérieure des cheminées de locomotives, affleureront le dessus de ces cheminées et recevront directement la fumée qui, ensuite, sera conduite à l'extérieur, au moyen d'un kiosque à enseignes transparentes, ou d'une colonne couverte d'affiches de théâtre, comme il en existe beaucoup sur les boulevards, ou, à défaut, dans une cheminée plate métallique fixée au mur d'une maison ; en un mot la ventilation sera établie de telle sorte que la fumée et les gaz ne gênent point les voyageurs, résultat déjà atteint au Metropolitan Railway.

Les stations du réseau à construire de suite sont au nombre de 39, savoir : 9 stations doubles (bifurcation ou croisement de lignes à exécuter de suite), et 30 stations simples, non compris une station à établir sur la ligne de Vincennes, à son intersection avec la rue de Charenton, figurée depuis longtemps au Projet.

Leur espacement moyen sera de 910 mètres environ. Celui des Metropolitan et District Railways de Londres est de 861 mètres environ (non compris les deux raccordements avec le West London Railway).

Toutes les fois que cela sera possible, les stations seront construites au-dessus du chemin de fer même, comme sur la ligne d'Auteuil, et avec escaliers différents pour monter ou descendre sur chaque quai, afin d'éviter la rencontre de flots de voyageurs marchant en sens contraire. Quand les stations ne pourront être placées ainsi, les bureaux de billets, etc., seront établis au rez-de-chaussée de deux maisons situées vis-à-vis, dans la même rue ou sur le même boulevard.

Le bâtiment des stations voisines d'un grand monument (Arc de l'Étoile, École militaire, etc.), sera construit en bois et à simple rez-de-chaussée, sur la voûte du chemin de fer, afin de ne pas plus nuire à l'aspect du monument voisin, que ne le font les bureaux d'omnibus à la porte Saint-Denis, à la Bourse, etc.

VOIES. — Comme au Metropolitan Railway, les rails, pesant plus de 40 kilog., seront en acier doux, afin de présenter une grande résistance et ne point se casser net. Ils seront posés sur traverses. (Les rails des chemins de fer, généralement un peu faibles, se courbent sous le poids du matériel roulant, ce qui détermine, à chaque joint, un choc des roues auquel sont dues, en partie, les trépidations dont se plaignent les voyageurs.)

Les voies seront posées à $1^m.50$ d'écartement entre les rails et à $2^m,00$ d'entrevoie.

SIGNAUX. — Les signaux seront installés *en blocus* et à enclanchement, c'est-à-dire de manière qu'un train ne parte jamais d'une station sans avoir la certitude que le train qui le précède a quitté la station voisine, ce qui rendra les collisions impossibles.

MATÉRIEL ROULANT. — *Locomotives*. — Les locomotives seront d'un type spécial, car elles devront, comme celles du Metropolitan, pouvoir s'arrêter très-rapidement, repartir de même, avoir repris, en quelques secondes, la vitesse normale de quarante kilomètres à l'heure et fonctionner dans les parties souterraines sans laisser ni vapeur, ni fumée, ni gaz.

Les dimensions de leurs soutes à eau seront déterminées de telle façon que la condensation puisse s'effectuer jusqu'à la fin du trajet du train.

Comme à Londres, les locomotives et les wagons seront munis de freins puissants (deux au moins par train), permettant l'arrêt au point voulu, sans secousse appréciable.

Wagons. — Il y aura trois classes de wagons analogues aux grands types circulant sur les chemins de fer français.

Éclairage des wagons. — Chaque compartiment sera éclairé au gaz contenu dans un grand sac rectangulaire en caoutchouc, placé dans une boîte sur le wagon.

Trains. — Les trains seront toujours composés de la même façon. A une extrémité, les wagons de deuxième classe ; ceux de première au milieu et ceux de troisième classe à l'autre extrémité.

Dans les stations, des écriteaux indiqueront la position qu'occuperont en arrivant les différentes classes de voitures ; les voyageurs viendront se placer près d'eux, sur des quais en bois de plain pied avec le plancher des wagons, et remplaceront immédiatement les personnes descendant du train.

De six heures et demie du matin à minuit, les trains de voyageurs se succèderont de cinq minutes en cinq minutes, sur les lignes du centre de Paris, et à dix minutes d'intervalle sur les lignes desservant les quartiers excentriques.

Comme à Londres, la vitesse sera de quarante kilomètres à l'heure, la vitesse moyenne, tous arrêts compris, ne dépassant guère la moitié de ce chiffre.

VENTILATION DES TUNNELS. — La question de ventilation étant considérée par beaucoup de personnes comme rendant impossible l'établissement de railways souterrains dans notre Métropole, nous croyons utile de citer un passage du rapport de la deuxième Commission nommée par le Conseil général de la Seine, pour l'examen des chemins de fer d'intérêt local dans Paris, rapport rédigé par nos éminents collègues MM. Ch. Callon et Dupuy, membres de ce Conseil.

« Reste la question de ventilation ou d'aération. Nous résumerons
« comme suit les conclusions auxquelles votre Commission a été con-
« duite :

« Pour les souterrains, tels qu'ils se présentent dans notre projet, la
« locomotive ordinaire ne serait évidemment pas possible.

« Il faut absolument supprimer, pendant le passage en souterrain,
« l'émission de la vapeur, c'est-à-dire il faut la *condenser;* problème sans
« difficulté, car il se réduit à avoir des condenseurs d'un volume appro-
« prié à la longueur du souterrain, au temps nécessaire pour le par-
« courir et à la température maximum qu'il convient de ne pas dépasser
« dans l'appareil de condensation.

« Reste à se débarrasser des gaz. — Le premier moyen qui se présente
« à l'esprit est celui dont on fait usage à Londres, le *capuchonnement* de
« la cheminée ; c'est-à-dire que l'on fait cesser la production de vapeur,
« de telle sorte que la pression de la machine va s'affaiblissant à mesure
« que le train s'avance dans le souterrain.

« Mais il faut que cet affaiblissement de la pression ne dépasse pas
« une certaine limite. A Londres, il paraît qu'il n'en est pas toujours
« ainsi, et que le mécanicien se trouve parfois dans l'impossibilité
« d'exécuter rigoureusement le règlement. Ce fait ne prouve qu'une
« chose, c'est que la locomotive n'a pas été disposée en vue du service
« spécial qu'elle doit faire, ou, en d'autres termes, que sa chaudière
« n'est pas assez grande pour emmagasiner une suffisante quantité de
« chaleur. « On a calculé (page 40 du rapport de la Commission tech-
« nique) qu'avec une locomotive-tender de 50 à 52 tonnes (celles de
« Londres sont de 42 tonnes), on pourrait, en la préparant convenable-
« ment, ne pas produire de vapeur pendant un parcours de 5 à 6 kilo-
« mètres, ou plutôt ne pas brûler de combustible pendant ces 6 kilo-

« mètres, et se borner à dépenser le calorique absorbé d'avance par
« l'eau de la chaudière. »

« Voilà donc un premier élément de la solution du problème.

« Elle pourrait être complétée par l'installation, à chaque station,
« d'un *souffleur* qui relèverait la pression pendant l'arrêt ; à cet égard,
« des expériences précises, communiquées par M. l'ingénieur Mayer, ne
« laissent aucun doute sur l'efficacité du procédé.

« Une seconde solution, étudiée avec beaucoup de soin par M. l'ingé-
« nieur Vuillemin, nous paraîtrait préférable. Elle consisterait, la va-
« peur étant condensée comme tout à l'heure, à produire le tirage par un
« ventilateur installé sur la locomotive et actionné par elle, et à débar-
« rasser le souterrain des gaz de la combustion par une ventilation ar-
« tificielle dont le courant serait très-modéré, et dont le coût, rapporté
« au kilomètre de souterrain, ne serait qu'une faible fraction de la dé-
« pense kilométrique totale. Il est essentiel de remarquer que, si la Com-
« mission technique, à la page 39 de son Rapport, condamne la venti-
« lation artificielle, c'est en tant qu'on voudrait l'appliquer à l'enlève-
« ment des gaz et de la vapeur tout à la fois, mais non pas en tant qu'on
« l'appliquerait d'une manière restreinte à l'enlèvement des gaz, la va-
« peur étant condensée.

« *Nous avons la ferme conviction, en présence des recherches que cette ques-*
« *tion provoque en Angleterre et en France, que la solution pratique est très-*
« *prochaine, et qu'elle ne fera pas défaut à la Compagnie concessionnaire,*
« *quand le moment d'exploiter sera venu.*

« Néanmoins, il convient de dire que plusieurs membres de votre
« Commission, préoccupés de rompre le plus possible la continuité du
« souterrain de la ligne des boulevards intérieurs, ont indiqué l'établis-
« sement de stations en tranchée aux points suivants :

« Devant l'Opéra, devant le Gymnase, au Château-d'Eau, peut-être à
« la rue des Filles-du-Calvaire et enfin à la Bastille. »

Dépenses et recettes. — Ce serait assurément dépasser les limites
du cadre d'une simple communication à la Société, que d'entrer dans le
détail de la question, fort controversée, des recettes probables et des
dépenses d'exécution du réseau métropolitain, surtout à la traversée
des propriétés particulières.

Dépenses. Les dépenses de construction seront certainement considérables. Voyons d'abord ce qu'ont coûté plusieurs chemins de fer établis
dans l'intérieur de la ville de Londres.

La longueur du *District Railway*, y compris ses deux raccordements avec le West-London, est de 11 668 mètres. A la fin de 1871,
le capital était de 130 259 225 fr., soit, en moyenne, 11 163 fr. par mètre
courant.

La ligne de fer de *Fenchurch Street, à Blackwall*, établie en viaduc au milieu des propriétés particulières de la partie Est de la ville, a coûté 5 474 fr. le mètre courant. Or, chacun sait qu'un chemin de fer sur viaduc, dans une grande ville, coûte plus cher que si on l'établissait en souterrain, parce qu'il entraîne la démolition de toutes les maisons et empêche de tirer parti du terrain qu'il occupe, même quand il est construit sur arcades, qu'on ferme quelquefois pour y établir des magasins, difficiles à louer à cause des suintements.

Le tronçon primitif du *Metropolitan Railway*, construit à deux voies, en souterrain et en tranchée à ciel ouvert, entre les stations de Bishop's Road et de Farringdon Street, au cœur même de Londres, sur une longueur de 7 214 mètres, dont 1 470 mètres environ ou 20 p. 100, à travers les propriétés particulières, a coûté 1 300 000 livres sterling ou 32 500 000 fr., soit 4 500 fr. environ le mètre courant, quoique le prix des terrains fût plus élevé qu'à l'emplacement du chemin de fer de Blackwall.

Si on considère : 1° les tâtonnements et les fausses manœuvres d'une première exécution, dont les ingénieurs français sauront profiter; 2° que la main-d'œuvre, à Londres, en 1862, plus élevée que celle de Paris à cette époque, diffère peu de celle-ci aujourd'hui, par suite de l'augmentation des salaires; 3° qu'au lieu de démolir, comme à Londres, la presque totalité des maisons rencontrées par le railway, on devra profiter de la solidité du sol parisien pour conserver ces maisons, auxquelles on supprimera seulement quelques caves pour le passage du tunnel; on peut admettre que les 40 650 mètres de chemins de fer à construire de suite dans Paris, dont 6 700 mètres environ ou 16 p. 100 à travers les propriétés particulières situées, pour la plus grande partie, non point au cœur de la ville, comme à Londres, mais en dehors des anciens boulevards extérieurs, ne coûteront pas, en moyenne, plus de 5 000 fr. par mètre courant ou 5 millions par kilomètre. Ce chiffre réserve une certaine marge pour les indemnités de terrain et de servitude, les détournements d'égouts et de tuyauterie, le matériel fixe, le matériel roulant, les frais généraux et les intérêts perdus pendant la construction, car le résumé des estimations détaillées (travaux seulement) indique, par mètre courant :

    1.320 fr. en moyenne, pour les tranchées muraillées et pour les viaducs ordinaires;

    1.500 fr. (1) en moyenne, pour les tunnels de $7^m,40$ de largeur (pleine ligne);

    2.900 fr. (2) en moyenne, pour les tunnels de 15 mètres de largeur (stations souterraines);

(1) Un tunnel à deux voies, construit à ciel ouvert, il y a plusieurs années, par la Compagnie du Nord, en tête de la gare d'Amiens, a coûté 1 000 francs le mètre courant, non compris les terrains et les voies.

(2) L'abaissement du canal Saint-Martin, à Paris, sur deux kilomètres, dont un quart en

enfin 2.500.000 fr. (¹) pour les deux ponts en pierre ou en métal, sur la Seine, près du Champ de Mars et en face du chemin de fer d'Orléans.

La longueur de 6700 mètres, indiquée ci-dessus pour la traversée des propriétés particulières, par le réseau ferré projeté, se décompose ainsi :

1° Au cœur de Paris. Entre l'église de la Madeleine et l'avenue Gabriel............... Entre le nouvel Opéra et le boulevard des Capucines............ A l'angle du boulevard de Sébastopol et de la rue de Turbigo...... Entre l'église Saint-Germain-des-Prés et la Seine (prolongement de la rue de Rennes, projeté par la Ville)...................... Entre l'église Saint-Eustache et la rue de Rivoli...............	1.000 mètres
2° Dans les quartiers éloignés du centre de la ville. Entre l'avenue de Lowendal et le boulevard du Montparnasse (compris en entier dans le prolongement de l'avenue de Suffren, projeté par la Ville)......................... Entre la gare de Montparnasse et la station de l'Ouest-Ceinture (longueur 1800 mètres dont on pourrait, au besoin, éviter l'acquisition, en dirigeant le railway vers la station de Montrouge, sous la chaussée du Maine)......................... Entre les boulevards de Port-Royal et de l'Hôpital............ Entre la Seine et la gare de la Bastille.................. Entre la gare de l'Est et la station de la Chapelle-Ceinture........ Id. et la gare du Nord..................... A l'angle des boulevards de Magenta et Rochechouart........... Au coude du boulevard de Clichy, près du cimetière Montmartre..	5.700

Total............... 6.700 mètres

Le développement total du réseau de voies ferrées, qu'on devrait, suivant nous, construire dans Paris aussitôt après le solde du dernier milliard, est de 40650 mètres courants se répartissant ainsi :

tranchée muraillée, et trois quarts recouverts d'une voûte de 19^m.50 de portée, sur laquelle se trouve le boulevard Richard-Lenoir (travail exécuté il y a une douzaine d'années, à quatre mètres de profondeur dans la nappe aquifère), a coûté 2 500 francs le mètre courant.

Le grand égout collecteur de 5^m.20 de largeur et de 4^m.33 de hauteur sous clef, construit à Paris, sous le boulevard de Sébastopol, a coûté 480 francs le mètre courant.

(1) Le pont double de Bercy, construit en pierre sur la Seine, a coûté 1 800 000 francs, y compris les viaducs des quais. Sa longueur entre les culées est de 188 mètres ; sa largeur entre parapets est de 15^m.47, dont 7^m.56 pour le chemin de fer de ceinture ; 0^m.10 pour la clôture en fonte et 7^m.81 pour le chemin communal.

Le pont de Solférino, construit en 1859 sur la Seine, dans l'axe transversal du jardin des Tuileries, a coûté 1 083 700 francs. La distance entre les culées est de 126^m.50 ; sa largeur entre les têtes est de 20^m.00.

Le pont d'Argenteuil, construit sur la Seine en 1862, pour chemin de fer à deux voies, a coûté 1.300.000 francs environ. La distance entre les culées est de 192^m.80.

DÉSIGNATION.	LONGUEURS.	PRIX du mètre courant.	DÉPENSES.
	mètres.	fr.	fr.
Au-dessus ou au-dessous des rues, boulevards, jardins et autres propriétés de la Ville ou de l'État.....	33.950	3.500	118.825.000
Au-dessus ou au-dessous des propriétés particulières, qu'on démolira le moins possible............. Au cœur de la ville..	1.000	20.000	20.000.000
Dans les quartiers éloignés du centre..	5.700	10.000	57.000.000
Supplément pour les deux ponts sur la Seine, pour le tunnel sous la Seine, comptés comme mètre courant de railway ordinaire, etc., etc........	»	»	4.175.000
Total...............	40.650	»	200.000.000

Ce qui fait ressortir à 4.920 fr. le prix moyen du mètre courant de chemin de fer à construire, y compris les stations, le matériel roulant, etc.

Recettes. En raison de la plus grande vitesse et de la certitude de trouver place dans les wagons, de partir et d'arriver à heure fixe, nous croyons qu'on peut attribuer à chaque ligne de fer le nombre de voyageurs des lignes d'omnibus parallèles et une grande partie de celui des principales gares directement desservies. A l'aide de notre graphique (planche 1) des chemins de fer et des lignes d'omnibus dans Paris, où chaque millimètre de largeur représente 500 000 voyageurs, chacun peut approximativement déterminer ce nombre et, par conséquent, les recettes pour les diverses portions des lignes de fer projetées.

Trois ans après la mise en exploitation du Metropolitan Railway, la recette brute dépassait 600.000 fr. par kilomètre et dépasse aujourd'hui 800.000 fr., y compris les recettes accessoires. Dès la seconde année, les frais d'exploitation n'atteignaient que 39 p. 100 de la recette brute.

Si on songe que ce railway ne desservait alors qu'une direction et, par conséquent, n'était utilisé que par les personnes allant dans cette direction, tandis qu'on se servira du Réseau parisien pour aller dans n'importe quelle direction, nous ne croyons pas qu'il y ait exagération à attribuer à ce réseau :

Recette brute kilométrique	500.000 fr.
Frais d'exploitation, 40 p. 100 de la recette	200.000
Bénéfice net	300.000 fr. par kilomètre,

soit, pour 40k,650, une somme de 12.195.000 fr., qui, pour un capital de 200 millions, représente une annuité de plus de 6 p. 100, suffisante pour payer les intérêts et amortir le capital engagé.

(En 1869, la recette de la ligne d'omnibus, de la Madeleine à la Bastille, a été de 1.827.743 fr., soit 407.800 fr. par kilomètre. Depuis, elle s'est élevée à 425.000 francs.)

RACHAT DU CHEMIN DE FER DE CEINTURE.

La Société qui se formera pour construire le réseau métropolitain parisien devra faire les démarches nécessaires pour obtenir la rétrocession du chemin de fer de Ceinture existant dans l'intérieur de Paris. Actuellement d'intérêt général, il perdra évidemment ce caractère après la construction du *Chemin de fer de grande ceinture extra muros*, actuellement à l'enquête d'utilité publique.

Voici les renseignements colligés par M. Le Hir, au sujet du droit de rachat du chemin de Ceinture :

« Le 1ᵉʳ juin 1865, le gouvernement de l'Empire présentait au Corps législatif un projet de loi concernant la concession du chemin de fer de Ceinture de Paris (rive gauche), à la Compagnie du chemin de fer de l'Ouest.

« La réserve de rachat était faite, disait l'exposé des motifs, en prévision de l'exécution éventuelle d'un chemin de fer dit *Métropolitain*, qui devait pénétrer dans l'intérieur de Paris. Bien que l'exécution de ce chemin ne paraisse pas d'une réalisation certaine, on a cru devoir réserver le droit de rachat des lignes auxquelles il pourrait se rattacher. » (*Moniteur* du 9 juillet 1865.)

Dans le rapport au Corps législatif, par la Commission nommée pour examiner le projet de loi, on lit :

« La Commission a vivement insisté sur ce qui concerne les moyens à rechercher pour pénétrer dans l'intérieur de Paris, depuis les gares du chemin de fer de Ceinture....

« On peut, dès aujourd'hui, affirmer que le besoin de pénétrer dans Paris sur plusieurs points, par des voies ferrées, pour communiquer avec le chemin de fer de Ceinture, se fera plus que jamais sentir d'une manière impérieuse, puisque déjà on réclame des communications autres que celles qui existent actuellement.

« Votre Commission, sans discuter plus amplement une question de cette nature, demande, néanmoins, à la Chambre de vouloir bien s'associer à elle, de la façon la plus accentuée, pour inviter le Gouvernement à rechercher les moyens qui répondront le mieux aux vœux exprimés.

« En pénétrant dans Paris, comme on a commencé à le faire avec le chemin de Vincennes, on rendra, à tous les points de vue, d'immenses services au commerce, à l'industrie et *surtout aux nombreux ouvriers qui résident dans la banlieue. C'est avec ces artères, qui partiront en quelque sorte du centre de la ville, que le chemin de Ceinture deviendra d'une utilité réelle.* Heureux de répondre à la sollicitude de vos Commissaires pour toutes les personnes qui entrent chaque jour dans Paris ou qui en sortent, le Gouvernement leur a fait la promesse la plus formelle de ne rien négliger pour arriver à la réalisation des avantages qu'ils désiraient. » (*Moniteur du 8 juillet 1865.*)

C'est par la loi du 10 juillet 1865 que la concession fut octroyée. Cette loi dispose : « Article unique : Sont approuvés les articles 3, 4, 7, 8 et 9 de la convention passée le 31 mai 1865 entre le Ministre de l'Agriculture, du Commerce et des Travaux publics et la Compagnie des chemins de fer de l'Ouest, lesdits articles relatifs aux engagements mis à la charge du trésor par cette convention. »

L'article 9 de la convention du 31 mai 1865 est ainsi conçu : « *Le Gouvernement se réserve, pendant un délai de huit ans à partir du décret qui approuvera la présente convention, de racheter à la Compagnie de l'Ouest, soit ensemble, soit séparément, d'une part, le chemin de fer d'Auteuil, y compris le raccordement de ce chemin avec le chemin de Ceinture (rive droite); d'autre part, le chemin de fer de Ceinture (rive gauche).* »

Le décret qui a approuvé la convention du 31 mai 1865 est du 18 juillet suivant.

C'est donc *le 18 juillet 1873 qu'expirera le délai de rachat du chemin de fer d'Auteuil et du chemin de fer de Ceinture (rive gauche).*

Traversée des propriétés privées. — Plusieurs personnes reprocheront, sans doute, à notre Projet de n'être point resté constamment sous les voies publiques.

Ce projet étant étudié pour relier entre elles toutes les gares terminales des chemins de fer pénétrant dans Paris, de façon que les voyageurs du réseau métropolitain projeté débouchent directement dans les salles des pas-perdus de ces gares, *et vice versa*, et que tous ces chemins de fer soient *raccordés par rails* (excepté celui de Sceaux) avec le Métropolitain, les tracés ont dû quitter les voies publiques pour pénétrer dans les propriétés privées, quand la somme des avantages a paru motiver l'augmentation de dépenses qui devait en résulter. Dans le doute, nous avons tracé une variante, figurée en rouge, comme on le voit au plan n° 2, entre la Madeleine et la place de la Concorde; entre la gare de Montparnasse et la station de Montrouge.

Citons quelques exemples :

1° Le tracé du Métropolitain pouvait rester entièrement sous le boulevard de Magenta, mais les gares du Nord et de l'Est n'auraient pas été desservies suffisamment;

2° On pouvait aussi (comme nous l'avions projeté dès l'origine de notre étude) prolonger le railway du boulevard de Sébastopol, sous le boulevard Saint-Michel, jusqu'à la gare de Sceaux, mais alors les Halles centrales et la gare aux marchandises qu'on peut établir au-dessous, comme au marché de Smithfield, à Londres, ne seraient, éventuellement, desservies que d'une façon imparfaite et la gare de Montparnasse ne le serait pas du tout, quoiqu'elle soit le *terminus* d'une ligne de fer desservant une grande partie de l'ouest de la France. En 1869, elle a eu 2,812,298 voyageurs, quand la gare de Sceaux n'en avait que 1,250,652.

En outre, par le boulevard Saint-Michel, le tunnel fût resté à une grande profondeur (trois fois plus longue que celle de notre projet, près du Louvre) sous les deux bras de la Seine, sous plusieurs monuments et en contrebas de trois égouts (dont deux collecteurs) qui existent sous ce boulevard, entre le pont Saint-Michel et le boulevard Saint-Germain.

3° Pour desservir directement les gares des chemins de fer de Lyon et d'Orléans, et raccorder éventuellement, *par rails*, ces deux chemins avec le Métropolitain, il a fallu sortir des voies publiques.

En pareil cas, nos voisins d'outre-Manche, qui sont incontestablement des gens pratiques, n'hésitent pas, et, malgré les grandes dépenses du District Railway et des deuxième et troisième tronçons du Metropolitan, le *Central London Railway*, reliant les lignes du North Western et du Midland à la station de Charing Cross (voir pl. 4), s'exécute au cœur de Londres, entièrement à travers les maisons, parallèlement à Tottenham Court Road, au lieu de passer dans cette rue conformément au tracé approuvé par le Parlement, dans la session de 1864.

La concession d'un autre chemin de fer appelé le *Mid-London* a été demandée au Parlement, en 1872, entièrement à travers les maisons, parallèlement aux larges voies publiques appelées Edgware Road, Oxford Street, Holborn, etc.

Cette demande ayant été repoussée, une nouvelle demande est présentée au Parlement (session de 1873) pour l'établissement d'un chemin de fer entre les stations métropolitaines de Farringdon et de South-Kensington, passant sous les voies publiques appelées Brompton Road, Piccadilly, et ensuite à travers les maisons, parallèlement à New Oxford Street et à High Holborn.

Nous terminerons en disant que les chemins de fer à travers les propriétés bâties s'exécutent bien ailleurs qu'à Londres. Dans la seule ville de Liverpool, le chemin de fer de Manchester amène souterrainement les voyageurs au centre de la haute ville; un autre railway, venant du Nord, au-dessus des rues, amène les voyageurs au centre de la basse ville. Deux autres chemins de fer, pour marchandises seulement, traversent souterrainement, en ligne droite, toute la ville, pour desservir des docks et des gares de marchandises, situées sur le bord de la rivière Mersey. Il paraît que ces deux derniers chemins de fer étaient productifs, car un troisième a été construit depuis peu, pour relier le Dock du Canada à la ligne de Manchester, comme les deux autres. Seulement ce dernier venu est chargé d'un service de voyageurs.

Omnibus. — On aurait tort de croire que les chemins de fer métropolitains détruiront les omnibus.

A Londres, ces véhicules parcourent les deux larges rues d'Euston et de Marylebone, sous l'axe desquelles est établie la partie primitive du Metropolitan Railway ; la concession d'un tramway longeant ces deux rues était même demandée en 1872. Notre collègue, M. Sérafon, dans son livre sur les *Moyens de transport en commun à Londres*, constate que, depuis le développement des chemins de fer dans cette métropole, le nombre d'omnibus n'a pas sensiblement diminué, mais leur parcours a été modifié.

D'après le rapport de M. Callon au Conseil général de la Seine, « le chemin de fer d'Auteuil transporte un peu moins de voyageurs que la Compagnie des omnibus dans cette direction ; mais la Compagnie des omnibus en transporte beaucoup plus qu'avant le chemin de fer d'Auteuil. Donc l'établissement de ce chemin de fer n'a pas empêché le trafic des omnibus de s'accroître d'année en année. »

« Autrefois, la ligne des quais était considérée comme mauvaise, au point de vue des produits ; la Compagnie des omnibus demandait à en être déchargée. Depuis, on a établi les bateaux-mouches qui ont, dans le principe, rencontré une certaine hostilité. On ne croyait pas au succès de cette entreprise. Cependant, depuis 1867, la proportion de voyageurs que ces bateaux transportent augmente régulièrement d'un quart chaque année. Il en est de même du chemin de fer de Ceinture : on ne voulait pas admettre qu'il s'établirait sur ce chemin un mouvement de voyageurs ; cependant ce mouvement existe, il s'accentue chaque année davantage et il est déjà considérable. » .

D'après une brochure, publiée en 1868 par la Compagnie parisienne des omnibus, le dividende moyen, pour les treize années de 1855 à 1867, a été de 52 fr. 50 par an, soit 6 p. 100 de la valeur des actions de cette Compagnie, capitalisées à 875 fr. Le taux d'amortissement de ces actions est de 500 fr.

En 1866 cette Compagnie a transporté 107,212,074 voyageurs, ou soixante fois la population de Paris.

Programme.

Le Conseil général de la Seine, par délibération du 10 novembre 1871, demande que le réseau de Chemins de fer et Tramways réalise autant que possible les conditions suivantes :

« 1° Mettre les différentes parties du département de la Seine en communication avec un chemin de fer de Ceinture qui serait placé à l'intérieur de Paris, en dedans du chemin de fer de Ceinture actuel ;

« 2º Mettre ce nouveau chemin de fer de Ceinture en communication avec le centre de la ville de Paris ;

« 3º Desservir la ligne des quais, en prolongeant le tracé à l'amont et à l'aval ;

« 4º Desservir la ligne des boulevards intérieurs ;

« 5º Relier les différentes gares de chemins de fer, soit entre elles, soit avec le nouveau chemin de fer, soit avec le centre de Paris. »

Notre projet, présenté à M. le Préfet de la Seine le 22 avril 1872, aux échelles réglementaires, satisfait entièrement à ce programme (planches 1 et 2) sauf la ligne des quais, remplacée par une ligne parallèle, très-rapprochée, passant rue de Rivoli, où la circulation est plus grande que sur les quais, déjà desservis par les bateaux à vapeur et par une ligne d'omnibus peu productive.

Délibération.

Le Conseil général, dans sa séance du 10 mai suivant, approuvait les tracés désignés ci-après :

Article 1er.

Le Préfet de la Seine est autorisé à concéder, avec le concours d'une Commission de cinq membres du Conseil général, nommée par le Conseil, l'exécution d'un premier réseau de chemins de fer métropolitains dans Paris, dans les conditions déterminées par la loi du 12 juillet 1865 sur les chemins de fer d'intérêt local.

Art. 2.

La concession comprendra :

1º *Une ligne allant du bois de Boulogne aux chemins de fer de Vincennes et de Lyon* par les boulevards intérieurs, passant par ou près la place de l'Étoile, et aboutissant aux boulevards entre la place de la Concorde et le nouvel Opéra ;

2º *Une deuxième ligne partant du boulevard de Sébastopol*, en face des Halles centrales, suivant ce boulevard, *l'avenue Magenta* et l'avenue d'Ornano en partie, et *venant aboutir au chemin de fer de Ceinture (rive droite)* ;

3º *Une troisième ligne ayant son point de départ au chemin de fer de Ceinture (rive gauche)*, entre Montrouge et Ouest-Ceinture, suivant le boulevard Saint-Michel, le boulevard Saint-Germain, *et aboutissant au chemin de fer d'Orléans* ;

4° Enfin une *première jonction entre le boulevard Saint-Michel* et le *boulevard de Sébastopol*, si elle est reconnue possible, et une *seconde jonction entre la ligne aboutissant au chemin de fer d'Orléans et la ligne aboutissant au chemin de fer de Lyon*.

Ces lignes devront passer à côté des gares de voyageurs des lignes de *l'Ouest* (rive droite), *du Nord, de l'Est, de Lyon et d'Orléans et de Sceaux, et se relier à ces lignes*, s'il est possible, *par rails*, soit directement, soit par embranchement.

La gare de la Bastille sera placée aussi près que possible des salles d'attente de la ligne de Vincennes.

Le concessionnaire ne sera tenu d'exécuter immédiatement que la *section comprise entre le chemin de fer de l'Ouest* (rive droite) et le *chemin de fer de Lyon*.

Il sera demandé au Conseil municipal de mettre gratuitement à la disposition de la Compagnie, pendant la durée de la concession : 1 le terrain appartenant à la ville de Paris et situé entre le boulevard Morland et le quai Henri IV; 2° un emplacement de 10 hectares destiné à l'établissement, soit de la gare *terminus*, soit des remises, ateliers et dépendances dans la partie du bois de Boulogne comprise entre la porte Dauphine, la porte Maillot, l'allée de Longchamps et les fortifications.

Art. 3.

Le capital pourra être formé : $\frac{2}{5}$ en actions et $\frac{3}{5}$ en obligations.

Le capital nécessaire à la première section devra être souscrit avant la concession. Il ne pourra être inférieur à 12,500,000 fr. en actions. Les obligations ne pourront être émises que lorsque la moitié de ce capital-actions, soit 6,250,000 fr., aura été employée en travaux de la première section et que la Compagnie concessionnaire aura justifié de cet emploi.

Art. 4.

Les projets devront être présentés à la préfecture de la Seine dans un délai de six mois, à partir de la date où la concession sera devenue définitive.

Les travaux seront commencés dans le mois qui suivra l'approbation des projets par le Préfet de la Seine, et terminés dans un délai de deux ans, à dater de cette approbation.

Art. 5.

Le concessionnaire ne sera tenu d'exécuter les autres parties du réseau que lorsque la première section aura donné un revenu brut kilométrique de 400,000 fr. pendant une année d'exploitation.

Les autres parties du réseau pourront, du reste, être partagées en quatre sections à exécuter successivement, suivant l'ordre qui sera déterminé par l'Administration, le concessionnaire entendu.

Les délais, pour la présentation des projets de chaque section, seront de six mois à partir de la date où l'exécution sera devenue obligatoire ; et chaque section devra être achevée et exploitée dans un délai de dix-huit mois à dater de l'approbation des projets.

Art. 6.

Dans le cas où la première section concédée n'aurait pas donné un revenu brut kilométrique de 300,000 francs pendant aucune des quatre premières années de l'exploitation, l'Administration pourra, si bon lui semble, relever le concessionnaire des obligations qu'il contracte pour l'exécution éventuelle des autres sections du réseau, et elle restera libre de les concéder à d'autres personnes, ou de les exécuter elle-même.

Le concessionnaire sera relevé de plein droit de ces obligations si ce minimum de 300,000 francs n'est pas atteint après la huitième année.

Art. 7.

Le cahier des charges de la concession sera rédigé par le Préfet de la Seine et la commission du Conseil général dont il est parlé à l'article 1er. Il limitera le maximum du tarif à 10 centimes par kilomètre *pour la première classe* et à 6 centimes pour la *deuxième* avec un minimum de perception de 30 et de 20 centimes. Le tarif des places sera réduit de moitié pendant la première heure du service.

Art. 8.

Sont nommés membres de la Commission chargée d'assister M. le Préfet de la Seine, dans la concession du Métropolitain, les membres du Conseil général dont les noms suivent :

MM.

Fait et délibéré par le Conseil général, dans la séance du 10 mai 1872.

Paris, le

Signé : Léon Say.

Si on figure, sur un plan de Paris, les tracés approuvés par le Conseil général, on est surpris de la singularité de ce réseau Métropolitain, si éloigné du beau programme du 10 novembre 1871.

D'abord, où est le nouveau chemin de fer de Ceinture intérieur?

Ensuite, la gare de Montparnasse est à plus d'un kilomètre de la ligne de fer la moins éloignée. Les gares du Nord et de l'Est ne sont guère desservies, car les voyageurs, après être remontés au niveau du boulevard de Magenta, auront encore à parcourir, à pied, près de 200 mètres (distance trop faible pour motiver une voiture), exposés aux intempéries, pour arriver devant la façade de ces deux gares.

Dans ces conditions, nous doutons fort que les grandes Compagnies de chemins de fer contribuent à l'exécution de ce réseau, comme cela eut lieu à Londres, où le Great Western Railway contribua pour plusieurs millions à la construction du Metropolitan Railway, lequel, à son tour, souscrivit pour 2.500.000 fr. à l'achèvement du petit chemin de fer de Saint-John's Wood, un de ses futurs affluents, se raccordant à la station de Baker-Street.

Enfin, si la ligne du bois de Boulogne à la gare de Lyon se rapproche de la gare Saint-Lazare et la dessert bien ou mal (il nous a été impossible de nous procurer ce tracé), elle délaisse complétement les boulevards intérieurs des Capucines et de la Madeleine, la rue Royale, la place de la Concorde et les Champs-Élysées, quoique la circulation soit énorme dans cette région.

On se demande pourquoi faire une dépense aussi coûteuse que celle d'un chemin de fer dans l'avenue Uhrich (ou de l'Impératrice), qui, en moyenne, n'est guère fréquentée que huit heures par jour et où la Compagnie des omnibus n'a même pas encore fait circuler un seul de ses véhicules.

D'après l'art. 7, il n'y aura que des voitures de première et de deuxième classe, quand il est constaté, à Londres, que les *sept dixièmes* des voyageurs du Metropolitan Railway appartiennent à la classe ouvrière (*working population*, dit le compte rendu officiel de février 1870, page 3). La suppression de la troisième classe équivaudrait presque à l'exclusion des ouvriers et des petits employés qui, par économie, ont installé leurs familles dans les quartiers compris entre les anciens boulevards extérieurs et le mur d'enceinte, et descendent chaque matin dans Paris.

Nous avons déjà signalé les grandes difficultés qu'on éprouverait si, pour passer en railway du boulevard de Sébastopol au boulevard Saint-Michel, on établissait un tunnel à un niveau très-bas (sur une longueur triple de celle de notre projet, près du Louvre), d'abord sous les deux bras de la Seine, et ensuite parallèlement et en contre-bas des trois égouts (dont deux collecteurs) qui existent sous le boulevard Saint-Michel, entre le pont de ce nom et le boulevard Saint-Germain.

A Londres, la Compagnie du *Central London Railway* (planche 1) s'est engagée à construire une rue sur la partie du chemin de fer souterrain dont elle a la concession. Le Bureau des Travaux publics lui accorde, à cet effet, une subvention de 17.500.000 fr. (sans parler de la rente annuelle de 4.250.000 fr. que les chemins de fer du South Eastern et du

Midland se sont engagés à lui payer pour avoir le droit de faire courir leurs trains sur ses rails). La ville de Paris ne suivra-t-elle pas cet exemple pour le prolongement de la rue de Rennes, projeté par elle depuis longtemps?

Pour terminer, nous dirons que nous ne croyons pas que la gêne apportée à la circulation, par la construction des tunnels en meulière et ciment romain sous les voies publiques, soit beaucoup plus grande que ne l'a été celle résultant de la construction de certains égouts municipaux.

SERVICE ÉVENTUEL DE MARCHANDISES. Nous avons traité uniquement la question *voyageurs*, sans dire un mot du transport des *petits colis* que le Métropolitain pourrait effectuer; mais notre projet est étudié de façon à réserver complétement l'avenir de la question *marchandises*. Comme il est très-bien dit dans le rapport au Conseil général de la Seine : « L'expérience prononcera à cet égard; elle montrera s'il est possible de tirer parti d'un service de nuit appliqué aux marchandises; elle dira le dernier mot sur la question de l'approvisionnement des Halles, sur celle de l'introduction des marchandises dans des entrepôts situés au centre de la ville, sur celle de l'extension du Métropolitain dans les arrondissements excentriques (ancienne banlieue), où se trouvent de nombreuses usines. Il suffit, quant à présent, que cet avenir se trouve réservé, autant que possible, par l'adoption de la section haute qui, seule, permet l'application du raccordement effectif. »

SOCIÉTÉ DES INGÉNIEURS CIVILS

SÉANCE DU 7 MARS 1873.

Présidence de M. L. MOLINOS.

La séance est ouverte à huit heures et demie.

Le procès-verbal de la séance du 21 février est adopté.

. . . .

M. LETELLIER donne communication d'une notice sur son Projet de réseau de chemins de fer dans Paris, commencé en 1863 et présenté au préfet de la Seine en avril 1872.

Cette notice sera reproduite *in extenso* dans le bulletin trimestriel.

Le projet comporte 58 kilomètres de chemins de fer dans l'intérieur de la ville, dont 41 kilomètres devraient, selon l'auteur, être mis en construction aussitôt après le solde du dernier milliard.

Désignation sommaire des lignes de fer à construire de suite :

Nº 1. Du pont de Neuilly à la Bastille, par les Champs-Élysées et les boulevards intérieurs ;

Nº 2. Des Champs-Élysées à la Bastille, par la rue de Rivoli ;

Nº 3. De la station de l'Ouest-Ceinture à celle de la Chapelle-Saint-Denis, par les Halles, le boulevard de Sébastopol et la gare de l'Est ;

Nº 4. De l'École militaire à la gare de l'Est, par l'Arc de l'Étoile, les boulevards extérieurs et la gare du Nord ;

Nº 4 *bis.* De l'École militaire à la Bastille, par les gares de Montparnasse, d'Orléans, de Lyon et de Vincennes ;

Nº 5. Du nouvel Opéra au chemin de fer de l'Ouest (rive droite).

Lignes ajournées : Une entre le Champ de Mars et le Jardin des Plantes, par les Invalides et la rue des Écoles ; six petites lignes rayonnantes, à voie unique, se détachant de la partie centrale du réseau projeté, pour aller se joindre au chemin de fer de Ceinture, excepté la sixième qui desservira la gare de Sceaux. Des raccordements *par rails* avec tous les chemins de fer aboutissant à Paris, excepté celui de Sceaux.

M. Letellier décrit sommairement plusieurs lignes de fer en exploitation à Londres, ayant de l'analogie avec celles qu'on veut construire dans Paris, et il indique leur prix de revient par mètre courant. Il donne ensuite une description détaillée du tronçon primitif du *Metropolitan Railway* dont voici le sommaire :

Tracé. — Profil en long. — Tunnels en pleine ligne, avec poutres ou avec voûtes et leur mode de construction. — Tranchées muraillées. — Égouts, conduites d'eau et de gaz rencontrés. — Stations à ciel ouvert. — Stations souterraines et leur mode de construction. — Matériel fixe. — Matériel roulant. — Trains ordinaires et trains d'ouvriers. — Dépense totale de construction. — Tarifs. — Tableau donnant, année par année, depuis l'origine jusqu'au 31 décembre 1872, le nombre de voyageurs, les recettes brutes, les dépenses, les bénéfices nets, le rapport des recettes aux dépenses et les revenus divers annuels des capitaux émis successivement par la Compagnie du *Metropolitan Railway*.

M. Letellier décrit ensuite, dans le même ordre que ci-dessus, son projet de réseau de chemins de fer dans Paris. Au paragraphe tunnels, il donne la description détaillée du mode à suivre pour la construction des tunnels sous les voies publiques, sous les maisons rencontrées et sous la Seine, près de l'Institut. Il cite textuellement la partie du rapport de M. Callon au Conseil général, démontrant la possibilité d'aérer et de ventiler convenablement des tunnels de 5 à 6 kilomètres de longueur.

M. Letellier cite aussi le beau programme arrêté par le Conseil général de la Seine, le 10 novembre 1871, pour l'étude d'un *réseau de chemins de fer et de tramways*, et il ajoute que son projet satisfait entièrement à ce programme.

Il termine sa communication en critiquant le réseau approuvé le 10 mai 1872 par ce même Conseil, qui ne remplit pas les conditions du programme de novembre 1871.

M. le Président. En raison de l'heure avancée, la discussion du projet de M. Letellier aura lieu dans la prochaine séance.

SÉANCE DU 21 MARS 1873.

Présidence de M. L. MOLINOS.

. . . .

L'ordre du jour appelle la discussion sur le projet de M. Letellier, d'un réseau de chemins de fer souterrains dans Paris.

M. DUPUY a examiné le projet de M. Letellier, qu'il a trouvé extrêmement intéressant à tous les points de vue.

Il rappelle que ce projet comprend deux systèmes de lignes : Le premier réseau, à construire de suite, représentant 40 kilomètres, se compose de cinq lignes : du *Pont de Neuilly à la Bastille*, par les boulevards; des *Champs-Élysées à la Bastille*, par la rue de Rivoli (c'est la corde de l'arc formé par la première ligne, faisant, dans les circonstances actuelles, double emploi avec la première); d'*Ouest-Ceinture à la Chapelle-Saint-Denis* (ligne du Sud au Nord); de l'*École militaire à la gare de l'Est*, par l'Arc de l'Étoile, d'une part, et *à la Bastille*, de l'autre, et enfin un embranchement du nouvel Opéra à la gare de l'Ouest (R. D.).

Ce réseau, à raison de 5 millions par kilomètre, entraînerait une dépense de 200 millions; le seul énoncé de ce chiffre montre que le projet est vaste, et que, pour être entrepris, il devrait être ramené à des proportions plus modestes.

La recette kilométrique est évaluée à 500,000 francs, la dépense d'exploitation, à raison de 40 pour 100, serait de 200,000 francs, ce qui laisserait un produit net de 300,000 francs, soit 6 pour 100 du capital de premier établissement.

M. DUPUY, tout en reconnaissant que le projet de M. Letellier a été conçu d'un manière satisfaisante, au point de vue technique, aurait néanmoins désiré, en raison de l'impossibilité qu'il y a, en pareille matière, à séparer la question économique de la question technique, trouver dans le Mémoire de M. Letellier des détails précis à l'appui de ces évaluations de recettes et de dépenses.

M. LETELLIER répond qu'à la page 25 de sa Notice il est dit : « Ce serait assurément dépasser les limites d'une simple communication à la Société que d'entrer dans le détail de la question, fort controversée, des recettes probables et des dépenses d'exécution du réseau Métropolitain projeté, surtout à la traversée des propriétés particulières. »

Mais on serait dans l'erreur en supposant que les détails ont été négligés.

M. Lemasson, ingénieur des ponts et chaussée, dans un projet de réseau Métropolitain moins développé, compte que la recette brute kilométrique atteindra 660,000 francs, quand l'exploitation aura pris son développement normal.

M. Dupuy. En dehors du réseau à construire de suite, il est prévu 18 kilomètres de lignes à établir ultérieurement, soit cinq lignes rayonnant du réseau intérieur au chemin de Ceinture actuel, et un prolongement de la ligne de Sceaux, de la gare au square Cluny.

M. Dupuy demande à présenter quelques objections :

La première ligne, entre la Madeleine et la Porte-Saint-Martin, où elle sera tout entière en souterrain, aura à traverser une nappe aquifère très-sérieuse, et il craint, si l'on ne prend pas des précautions spéciales, qu'on ne compromette la solidité des constructions supérieures. On sait combien il est difficile et coûteux de construire des tunnels dans des terrains meubles et imprégnés d'eau; que sera-ce sous des terrains de cette nature, couverts de maisons d'habitation? N'y aura-t-il pas dans ces conditions, à moins qu'on n'ait à sa disposition des procédés nouveaux, un imprévu qui se traduira par d'énormes dépenses?

M. Letellier dit que cette nappe lui est connue et qu'il en a fait mention dans sa Notice (page 22), au sujet de la ligne du nouvel Opéra au chemin de fer de l'Ouest. Afin d'éviter les crevasses qui se sont produites à Londres, quand on a établi le Metropolitan Railway, les tunnels projetés dans la nappe d'eau des puits seront construits suivant l'ingénieuse et savante méthode imaginée par M. l'ingénieur en chef Belgrand, actuellement directeur du service des Eaux et égouts de Paris, et appliquée par lui en 1859, à la construction de l'égout de la rue de la Pépinière, et ensuite à celle de plusieurs égouts collecteurs de premier ordre, construits dans la nappe aquifère et dans le sable très-fluent ou la vase coulante, notamment au collecteur général sous le boulevard Malesherbes (type n° 1, ayant 4^m,40 de hauteur et 5^m,60 de largeur intérieure), et aux fondations du canal Saint-Martin, en partie recouvert d'une voûte de 19^m,50 de portée.

Cette méthode permet d'exécuter rapidement les travaux sous les rues, *en laissant les riverains dans une entière sécurité.*

Quant à la dépense, le prix moyen de 3,500 francs par mètre courant de chemin de fer à construire sous les voies publiques comporte le supplément nécessaire pour payer les frais résultant de la traversée de la nappe aquifère.

M. Dupuy reconnaît qu'il n'y a pas impossibilité, mais qu'il faut compter sur une somme à valoir considérable pour faire face à l'aléa de ces travaux difficiles.

Il appelle ensuite l'attention sur la traversée du canal Saint-Martin et sur la difficulté qu'il y aura à faire coïncider, sur le même point, un canal et un chemin de fer, souterrains tous deux, à moins d'interrompre la navigation sur le canal pendant la durée du service du chemin de fer, c'est-à-dire, dans le cas actuel, presque tout le temps.

M. Letellier. Le canal Saint-Martin, dont *le plan d'eau* est à la cote 29,54, sera dévié latéralement au chemin de fer Métropolitain, jusqu'à ce que celui-ci, en souterrain sous la place de la Bastille, et ensuite en rampe de 20 millimètres sous la gare de Vincennes, ait atteint l'altitude suffisante pour que les bateaux puissent passer dessous pour se rendre dans le bassin de l'Arsenal, en traversant souterrainement les rues Biscornet, des Terres-Fortes et le boulevard de la Contrescarpe.

Il met sous les yeux de M. le Président un plan à grande échelle de la gare de Vincennes et de ses abords, sur lequel le Métropolitain est tracé en rouge, et un profil en long au 1/5000 indiquant en noir la position actuelle du canal et, en rouge, son passage sous le chemin de fer projeté, près de la tête sud de la halle des voyageurs de la gare de Vincennes.

M. Letellier. La déviation du canal Saint-Martin s'effectuera sous la place de la Bastille, appartenant à la Ville, sous la gare de Vincennes, appartenant à l'État, et, partiellement, sous les constructions de peu de valeur longeant la cour de la gare, en laissant intact l'hospice des Quinze-Vingts.

Entre la gare de Vincennes et le bassin de l'Arsenal, la longueur de la traversée des propriétés privées sera d'environ 130 mètres.

La déviation projetée étant souterraine, le sol ne perdra qu'une faible partie de sa valeur.

En supposant que le service de la navigation exige une voûte de 19^m,50 de portée, au lieu de la voûte étroite qui existe actuellement sous la place de la Bastille, la dépense pour l'exécution des travaux proprement dits ne dépassera pas énormément celle de 2,500 francs par mètre courant payée, il y a une douzaine d'années, pour l'abaissement du même canal à 4 mètres de profondeur dans la nappe aquifère, et le recouvrement de ce canal par une voûte de 19^m,50 de portée sous le boulevard Richard-Lenoir.

Ces travaux peuvent être exécutés sans interrompre la navigation.

M. Dupuy indique une autre solution qui a été proposée et qui consisterait à suivre le canal le long des bâtiments brûlés, puis la Seine et passer le pont d'Austerlitz devant la bouche du canal, c'est-à-dire, au lieu de dévier le canal, dévier la ligne.

Il y aurait une troisième solution qui serait, en partant du Château-d'Eau, où il y aura nécessairement une station importante, de suivre le boulevard des Amandiers, qui n'est pas long, du reste, de gagner le jour par une rampe de 20 à 25 millimètres, traverser à niveau le boulevard Richard-Lenoir et, par un viaduc, arriver à la ligne de Vincennes, rail à rail.

Aucune des trois solutions ne serait économique, et cette question reste l'une des grandes difficultés du problème.

M. LE PRÉSIDENT pense cependant que la solution de M. Letellier, qui surprend au premier abord à cause de la difficulté considérable du problème, serait peut-être encore la plus simple.

M. LETELLIER regrette que le tracé de la Ville soit si éloigné du programme du 10 novembre 1871.

M. DUPUY croit devoir déclarer que la Ville n'a pas de tracé; elle a indiqué quelques points, mais elle entend laisser aux intéressés le soin de résoudre les difficultés du programme, à leurs risques et périls.

Dans le principe, les chemins intérieurs n'étaient considérés que comme un desideratum, et on ne se préoccupait que de réunir entre eux les chemins existants. Mais, après un examen plus approfondi, on s'est convaincu que la solution la plus simple, l'intérêt le plus immédiat, étaient de faire suivre au tracé des diamètres et non pas des circonférences.

Si on remarque que la gare de Saint-Lazare expédie annuellement 13,500,000 voyageurs, et celle de Vincennes 4,960,000, et qu'en outre, ainsi que le montrent les divers tracés graphiques qui ont été relevés, le trafic des omnibus a atteint sa plus grande intensité sur les boulevards intérieurs, on arrive à cette conclusion que, pour avoir immédiatement le trafic le plus rémunérateur, il n'y a rien de mieux à faire que de relier les deux gares de Saint-Lazare et de Vincennes, en suivant la ligne des boulevards, ceci, bien entendu, à la condition que le raccordement avec la ligne de l'Ouest et avec celle de Vincennes sera effectif, qu'il y aura possibilité de transiter, et que le voyageur venant de Versailles ou de Vincennes pourra être amené, sans changer de train, à la station intérieure la plus rapprochée de son domicile.

Un chemin circulaire n'aurait évidemment pas satisfait aussi bien à cette dernière condition.

On peut donc dire que le premier chemin métropolitain doit être tracé là où le trafic est, d'ores et déjà, considérable et que, sa construction exigeant des dépenses énormes, il est prudent et sage de lui assurer des recettes immédiates aussi importantes que possible. Plus tard, quand il y aura pléthore ou que des courants de circulation latérale se seront formés, on pourra s'occuper de la construction d'autres lignes plus excentriques.

Telles sont les considérations qui ont fait abandonner provisoirement les lignes circulaires et extérieures que, du reste, beaucoup d'excellents esprits défendaient au Conseil général, et placer en tête du programme la ligne la plus directe, celle de la gare de l'Ouest, rive droite, à la gare de Vincennes.

M. Letellier s'étonne qu'on ait laissé en dehors du programme le parcours des Champs-Élysées à la Madeleine, où il y a cependant une circulation très-importante.

M. Dupuy répond qu'on s'est préoccupé de donner au réseau métropolitain une existence indépendante, un autonomie réelle, en lui procurant une porte de sortie, un espace où il puisse avoir ses magasins et ses ateliers, et que, dans ce but, on a pensé à prolonger la ligne par un embranchement aboutissant dans le bois de Boulogne. La population se portant dans cette direction, cet embranchement aurait un trafic assuré.

M. Letellier ne croit pas qu'une ligne de fer passant dans l'avenue de l'Impératrice soit si bonne ; ce n'est que de dix heures du matin à huit heures du soir, et principalement le dimanche, qu'on aurait des voyageurs. La preuve, c'est que la Compagnie des omnibus ne fait pas circuler ses voitures dans cette avenue.

M. Dupuy réplique que l'accès du bois de Boulogne est interdit aux omnibus et que le succès serait certain pour un embranchement pénérant dans l'intérieur du bois.

M. Vauthier a, comme M. Dupuy, trouvé le projet de M. Letellier digne de toute l'attention de la Société. Il pense que, quel que soit le système proposé pour l'exécution d'un réseau Métropolitain, on sera nécessairement en présence d'obstacles qui, sans être les mêmes absolument, présentent toujours de grandes difficultés à vaincre ; qu'on soit au-dessus du sol ou qu'on y pénètre, les constructions supérieures, les égouts, la traversée de la Seine, etc., seront, dans tous les cas, une source de dépenses considérables aussi bien que de travaux difficiles, et par suite la critique de telle ou telle solution de l'un de ces problèmes multiples ne peut pas être une objection dirimante à l'adoption d'un système.

Ce qu'il convient de rechercher, c'est la manière dont les questions d'ensemble suivantes ont été comprises.

Dans quelle limite les intérêts à desservir reçoivent-ils satisfaction ? Telle est la première question à examiner.

Il y a, à son avis, exagération dans l'application trop rigoureuse qu'on a voulu faire de ce principe, juste en soi, qu'il faut établir le chemin là où la circulation est la plus active.

Il faut nécessairement tenir compte des conditions spéciales inhérentes à chaque mode de transport, et des difficultés et dépenses que chacun d'eux entraîne. Dans la traversée d'une montagne, on n'a pas tracé la route carrossable sur l'emplacement du sentier que gravissaient antérieurement les piétons et les mulets, ni le chemin de fer sur l'emplacement de la route. Pourquoi ? parce qu'il y a, pour chaque système, des conditions différentes de tracé, de pentes, etc., qu'on ne peut violer sans dépenses énormes, et qui ne permettent pas d'obéir strictement aux seules convenances naissant de l'assiette actuelle et de la direction du trafic. On peut d'ailleurs, avec un mode de transport nouveau, plus puissant et plus rapide, ne pas suivre rigoureusement les lignes de la circulation actuelle, et cependant desservir mieux cette circulation qu'avec les directions antérieures adoptées pour les anciens modes de transport.

Ces considérations qu'il faut avoir en vue partout, dont les limites d'application diffèrent suivant la gravité des obstacles, ne peuvent être méconnues, sans risque d'échec pratique dans l'intérieur d'une ville comme Paris, où les obstacles factices sont plus graves de beaucoup que ne le sont nulle part les obstacles naturels.

La seconde question essentielle, c'est que les conditions dans lesquelles la circulation sera desservie soient commodes et hygiéniques. Il est plus agréable de voyager à ciel ouvert que souterrainement ; il est plus sain de respirer de l'air pur que des gaz délétères, et il n'est pas indifférent d'avoir à aller chercher le chemin de fer à une hauteur plus ou moins grande au-dessus ou au-dessous du sol.

Il faut, en troisième lieu, que les lignes créées soient exploitables par les moyens connus et ayant fait leurs preuves.

M. Vauthier, à ce point de vue, trouve que M. Letellier a admis des tunnels d'une trop grande longueur. Il ne veut pas revenir sur la discussion qui a eu lieu à la Société sur cette question des longs tunnels ; il maintient ses réserves et ses craintes à cet égard, en présence de l'incertitude qui règne sur l'efficacité des divers moyens d'aérer et de ventiler les tunnels qui ont été mis en avant.

Sauf cette objection, quant à la longueur de ses tunnels, il trouve le projet de M. Letellier très-bien conçu, et approuve spécialement la direction de ses tracés.

Quant à la question des dépenses et des recettes, elle a, certes, une énorme importance ; mais comme il ne s'agit pas d'un chemin à construire et à exploiter par la Ville elle-même, et qu'on est en face de conceptions particulières, il convient, non pas de l'écarter, mais de tenir compte, en l'examinant, de la garantie qui résulte du soin avec lequel elle a dû être pesée par les intérêts individuels qui présentent le projet et en assument l'exécution.

M. Letellier croit qu'on exagère les difficultés de l'aérage des longs souterrains. A Londres, pour un tunnel de 3,250 mètres, il a suffi de pratiquer plusieurs ouvertures au sommet de la voûte pour le mettre dans d'excellentes conditions.

M. Dupuy ajoute qu'à Liverpool il existe, sous la ville, un tunnel qui n'était plus respirable par suite du développement qu'y avait pris l'exploitation. On proposa d'abord de le découvrir sur tout ou partie de sa longueur, puis on décida qu'il serait ventilé et on installa un ventilateur d'un grande puissance ; actuellement le tunnel est parcouru sans inconvénients, par des trains passant toutes les cinq minutes, et dont les machines sans condensation consument des houilles fuligineuses.

Soit par ce moyen, soit en ménageant des ouvertures au Gymnase, à la Porte-Saint-Martin, au Château-d'Eau, au cirque, etc., on assurera aisément la circulation sur les boulevards. Le souterrain le plus long serait de la Madeleine à l'Opéra.

M. Letellier a prévu, dans son projet, des stations dans lesquelles la partie correspondante à la largeur des deux voies serait seule découverte.

M. Richard trouve que la Ville a été sage en ne comprenant dans le premier réseau à concéder que les lignes indiquées par les courants actuels de circulation. La dépense de premier établissement sera, quelque système qu'on adopte, d'une telle importance, que la question d'exploitation et de rendement immédiat primera toutes les autres. Pour assurer le succès, et pour la Compagnie et pour tous les intérêts engagés, il faut donc ne faire que les lignes d'un produit certain, celles qui suivent les courants d'affaires et de plaisirs actuellement établis.

M. le Président n'admet pas qu'on puisse assimiler les chemins à faire dans Paris, quant à leur direction, aux grandes voies de communication, dont le but principal est de relier de grands centres et de desservir les extrémités. Ici, on a surtout à se préoccuper des points situés sur le parcours, et il peut suffire d'un simple détournement pour faire perdre un grand nombre de voyageurs.

M. Dupuy ajoute que, du reste, il ne s'agit pas uniquement de desservir la ligne des boulevards de la Madeleine à la Bastille, mais en même temps et surtout, de relier les deux gares de l'Ouest et de Vincennes; et, quant à lui, il ne verrait pas d'inconvénients à ce que la ligne soit déplacée, pourvu que les deux gares soient reliées par un raccordement effectif et que les stations intermédiaires soient établies sur les points où l'affluence du public est la plus grande. Il rappelle que le Métropolitain de Londres a commencé par des segments de peu d'étendue, faits pour relier les gares des grandes lignes, qui l'ont même subventionné dans ce but, et que, maintenant encore, il est parcouru non-seulement par ses trains, mais par ceux des autres lignes qui y transitent : c'est un véritable chemin de ceinture intérieur plus utile, quant au trafic local, que celui de Paris.

M. Vauthier approuve beaucoup le réseau de M. Letellier, parce qu'il comprend des lignes continues qui permettraient la sécurité de l'exploitation.

Quant au Métropolitain de Londres, il ne pense pas, après l'avoir vu, qu'il soit parfait, et il est certain que nous pourrons faire mieux si nous le voulons : le tout est de bien engager la question.

La suite de la discussion est renvoyée à une prochaine séance.

SÉANCE DU 5 AVRIL 1873.

Présidence de M. L. MOLINOS.

. . . .

L'ordre du jour appelle la suite de la discussion sur le projet de chemins de fer dans Paris, par M. Letellier.

M. DUPUY a dit, dans la dernière séance, que le Métropolitain de Londres est un véritable chemin de fer de ceinture intérieur plus utile, quant au trafic local, que celui de Paris, et il demande à reprendre la discussion à ce point.

Le chemin de fer de Ceinture a été exécuté sous nos yeux ; il s'est formé de trois segments correspondant à trois époques :

1° Le chemin de fer d'Auteuil, destiné aux voyageurs à l'exclusion des marchandises, et exploité dans ces conditions ;

2° Le raccordement de l'Ouest à Orléans, complétant le périmètre sur la rive droite, construit pour le transit des marchandises d'une ligne sur l'autre, et affecté plus tard, et non sans lutte, au trafic des voyageurs, et sur certains points au trafic local des marchandises (gares de Belleville-Villette et de Charonne, embranchement du marché aux bestiaux) ;

3° Le complément de la rive gauche, projeté pour les voyageurs et pour les marchandises, mais exécuté et exploité pour les voyageurs seulement, sauf le raccordement avec l'Ouest (rive gauche).

Il n'y a rien à dire de la première section : tracée dans une région non industrielle, non commerçante, vouée à l'habitation et aux distractions des promeneurs, elle répond parfaitement à cette destination.

Il n'en est pas de même de la seconde section qui, établie sans égard aux nécessités locales qu'on ne se proposait pas de satisfaire, a été tracée dans les conditions les plus économiques, à travers les terrains les moins coûteux et les plus faciles à traverser au point de vue de l'exécution des ouvrages.

La ligne côtoie les fortifications à l'intérieur, et quand elle s'en écarte aux Buttes Chaumont et à Ménilmontant, c'est pour pénétrer dans des terrains relativement solides où le percement des tunnels a dû se faire dans de bonnes conditions. Ce chemin de fer se faisant sans station intermédiaire qui lui fût propre, on ne s'était préoccupé que de le maintenir à un niveau convenable, presque toujours en remblai, pour franchir, par-dessus, les grandes lignes de chemins de fer, le canal de l'Ourcq, la Seine et les grandes routes à leur sortie de Paris, sauf l'avenue de Vincennes qu'il traverse à niveau.

Lorsque, plus tard, on a essayé de le compléter par l'adjonction de stations, on a vu combien ce tracé laissait à désirer, et l'on a été conduit à placer les stations en des lieux qui ne sont pas ceux où l'affluence doit être la plus grande, ou dans certains cas, sur des points où le service local des marchandises ne peut pas être installé.

Au point de vue des intérêts locaux, le chemin de fer de Ceinture est mal tracé; au point de vue de l'intérêt général du transit et des marchandises, il n'est pas mieux en situation.

La vérité est que les services doivent être dédoublés, parce qu'ils n'ont rien de commun, et que le trafic est assez important pour alimenter deux chemins de fer établis chacun en vue de l'usage spécial qu'on lui attribue.

Le chemin de fer de transit des marchandises n'a pas de raison d'être dans Paris. La gêne de l'octroi, la forme circulaire ou pour mieux dire convexe qu'il doit épouser, en suivant l'enceinte, le rapprochement des gares de marchandises des grandes lignes de la fortification, les difficultés de raccorder les voies de Ceinture avec les gares et la difficulté plus grande encore de le raccorder en sens inverse avec les lignes avant leur entrée dans Paris, tout concourt à démontrer la nécessité de placer ce chemin de transit en dehors des murs. Cette solution pouvait être repoussée par le génie militaire à l'époque où il avait une haute opinion de la valeur défensive de l'enceinte; mais aujourd'hui que la triste expérience de 1870 a prononcé, on ne voit aucune raison pour refuser au chemin de transit une situation extérieure.

Étant reconnu que le chemin de transit doit exister au dehors, on devient libre de lui donner la forme la plus économique, qui n'est pas celle d'un cercle, mais celle qui s'éloigne le moins de la ligne droite. C'est une sorte de diagonale tangente à l'enceinte qui doit être à peu près suivie de Saint-Denis à Noisy-le-Sec (par Aubervilliers), de Noisy-le-Sec à Nogent-sur-Marne (ligne de Mulhouse), de Nogent-sur-Marne à Choisy-le-Roi, par Saint-Maur et Créteil. On voit que cette ligne, qui pourrait avoir 30 kilomètres, emprunterait le tiers de son parcours, soit 10 kilomètres, à l'Est. Il ne resterait que 20 kilomètres à construire.

Cette ligne, bien que *transitoire*, devrait être faite en vue du trafic industriel, c'est-à-dire qu'elle devrait épouser le sol de façon à faciliter l'aiguillage des voies industrielles et des tramways.

Bien entendu, cette ligne diagonale serait raccordée à droite et à gauche avec les grandes lignes qu'elle rencontrerait : Soissons, Est

(Strasbourg), Lyon et Orléans. Quant au raccordement avec l'Ouest, il existe déjà par la ligne d'Argenteuil, qn'on pourrait compléter.

Le chemin de Ceinture, débarrassé du trafic de transit, deviendrait un chemin d'intérêt local qu'on devrait améliorer, en créant partout des gares de marchandises, et en donnant les aiguillages nécessaires pour les usines, les entrepôts et les quais de déchargement des ports et canaux, à La Villette, à Bercy, à Ivry et à Grenelle.

3° La troisième section du chemin de Ceinture n'est pas encore organisée au point de vue des marchandises. Cette lacune sera sans doute comblée prochainement. L'Assemblée nationale vient de renvoyer au Gouvernement une pétition des habitants et intéressés de Grenelle, demandant l'exécution de la gare des marchandises de cette localité, et le Conseil général de la Seine ne cesse de réclamer l'exécution de cette partie des engagements de l'État.

Tout cela réorganisé, il ne resterait plus qu'un regret en ce qui concerne le chemin de Ceinture, c'est au sujet de son trop grand diamètre.

Pour le trafic local des voyageurs et des marchandises, des voyageurs principalement, le chemin de Ceinture rendrait de plus grands services et serait destiné à un plus bel avenir si, au lieu de contourner intérieurement l'enceinte, il s'en tenait écarté, pour passer au milieu des arrondissements de l'ancienne banlieue, à mi-distance des anciens boulevards extérieurs et de la fortification. Dans cette position, il serait fréquenté par un nombre de voyageurs double, car, au lieu d'enceindre, sur les points les plus déserts, la zone à desservir, il la parcourrait dans son milieu, il la desservirait tout entière. Cela est tellement vrai que la station de Ménilmontant, la plus fréquentée de la rive droite (celles du chemin d'Auteuil exceptées), ne doit son succès qu'à sa position quasi-centrale dans le 20ᵉ arrondissement.

Mais le chemin de Ceinture amélioré ne peut suffire aux besoins de la circulation dans Paris. S'il répond aux besoins des personnes qui parcourent la circonférence, ou de celles qui se transportent de l'extrémité à l'autre du diamètre ou d'une grande corde, il ne donne aucune satisfaction aux habitants de l'ancien Paris, qu'ils aient à circuler dans les anciennes limites sans les franchir, ou qu'ils aient à se transporter de leur domicile dans un des arrondissements du Paris nouveau. — Seules, des lignes diamétrales peuvent répondre à ce genre de besoins, et avec d'autant plus de bonheur qu'elles peuvent être créées au prolongement des grandes lignes, sinon en raccordement effectif avec elles, de façon à faire traverser la ville par les trains de banlieue, de quelque point qu'ils viennent.

M. Dupuy considérerait que la condition la plus importante du problème qui nous occupe, c'est de mettre tous les trains de banlieue à la portée des habitants de Paris, à proximité de leur domicile; c'est que, pour se rendre en un point quelconque de la banlieue, chacun de nous n'ait plus à se préoccuper de la gare tête de ligne où il doit se rendre, mais seulement de l'heure de passage, dans son quartier, du train qui doit le porter à destination. De cette façon, le temps, si précieux pour les gens occupés, sera considérablement épargné, et la fortune publique, qui n'est que la résultante des fortunes privées et de l'utilisation des forces de production de la nation, considérablement augmentée.

M. Richard, qui avait présenté, dans la dernière séance, quelques considérations sur la nécessité d'apporter une grande prudence dans le choix du tracé, au point de vue de l'étendue à donner au réseau, demande à compléter son idée.

Le système qui lui paraîtrait le plus opportun consisterait à prendre le Louvre ou le Pont-Neuf comme centre de plusieurs lignes rayonnantes, qui relieraient ce point à la place de la Concorde, aux gares de l'Ouest, de l'Est et du Nord, à la Bastille et à la gare Montparnasse. Ce réseau ne comprendrait que 13 kilomètres de lignes, et la dépense, en prenant pour base l'évaluation donnée par M. Letellier, soit 5 millions par kilomètre, ne serait que de 65 millions au lieu de 200.

Si ce tracé moins coûteux pouvait être exécuté, il rendrait le service de relier toutes les gares actuelles au point le plus central de tout Paris.

M. Richard demande la permission d'aller plus loin et de dire toute sa pensée sur cette question du chemin de fer métropolitain, quoiqu'il ait lieu de craindre que son opinion ne vienne quelque peu heurter le sentiment général. Il n'est nullement convaincu de la nécessité de l'établissement d'un chemin de fer métropolitain à Paris.

Nos habitudes et nos relations commerciales diffèrent essentiellement de celles que le Métropolitain de Londres a à satisfaire et à desservir. Les habitants de Paris, qui auront à s'éloigner de Paris, continueront à se servir de voitures pour se rendre avec leurs bagages aux gares de départ des grandes lignes, parce que ces voitures les prennent à domicile, et ceux qui circulent dans la ville préféreront certainement l'impériale de l'omnibus au souterrain, à la condition, bien entendu, que le service des omnibus soit développé.

Il y a aujourd'hui 37 (?) lignes d'omnibus. Qu'on en crée de nouvelles; que, les jours d'affluence, on augmente le nombre des voitures de manière à suffire à l'excédant de trafic, et la satisfaction des habitants de Paris sera complète, sans qu'on ait à dépenser des millions par centaine.

M. Letellier répond qu'il est démontré que les moyens actuels de circulation sont insuffisants dans Paris.

Le projet improvisé par M. Richard est exactement conforme à la partie centrale du projet Letellier, hormis cependant la ligne du Louvre à la gare Saint-Lazare, qui, faute de largeur suffisante des rues actuelles, devrait passer à travers les maisons jusqu'au nouvel Opéra, et coûterait alors non pas cinq millions, mais une vingtaine de millions par kilomètre, à cause des expropriations nombreuses que cette ligne nécessiterait. En outre, M. Richard abandonne la ligne de la Madeleine à la Bastille, qui sera la plus productive de toutes.

M. Letellier consent à ce qu'on ajourne l'exécution de quelques lignes de son projet, si on le juge utile; mais il croit indispensable qu'on arrête un plan d'ensemble du réseau métropolitain, combiné de façon à desservir tous les points importants de la ville, et à relier facilement un point quelconque de Paris avec un autre point, *sans essayer de déplacer les courants actuels de circulation*. La partie du réseau à exécuter de suite devra pourtant comporter plus que *les deux lignes en croix adoptées par le Conseil général, le 10 mai 1872*, car plusieurs membres de la Commission technique (page 30 du Rapport) disaient avec raison : « Pour obtenir des « recettes satisfaisantes, le réseau parisien devrait être *assez serré et offrir « de nombreuses correspondances dans tous les sens;* ils craignaient que des « lignes isolées, peu nombreuses et mal reliées, ne donnassent qu'une « idée fausse des produits à espérer. Ils indiquaient que la meilleure de « nos lignes d'omnibus serait peut-être une mauvaise affaire si elle res- « tait seule et sans correspondance; on s'exposait donc à compromettre « l'avenir pour n'avoir pas assez osé dès le début. »

« Les croisements de lignes peuvent être multipliés, et la minorité de « la Commission technique a invoqué l'argument suivant au sujet de la « multiplication de ces croisements de lignes » (page 51 du Rapport).

« Quand une ligne s'étend ou quand des lignes se multiplient, le « nombre des combinaisons possibles s'accroît bien plus vite que celui « des gares. Ainsi, avec vingt gares, on peut faire 190 combinaisons; « avec quarante gares, on peut en faire 780, c'est-à-dire largement quatre « fois plus. *Ceci explique que la multiplication des lignes et des corres- « pondances doit accroître le produit beaucoup plus vite que la dépense.* »

« C'est ce qui se vérifie sur les grandes lignes de chemins de fer, c'est « ce qu'a démontré l'expérience du chemin de fer de Ceinture, à me- « sure qu'on a créé de nouvelles stations sur les sections primitives. »

M. Letellier ajoute qu'il ne comprend pas bien pourquoi le Conseil général n'a pas voté l'exécution, après le payement du dernier milliard, d'un véritable réseau métropolitain, qui procurerait de l'ouvrage à un grand nombre d'ouvriers, donnerait une impulsion générale aux travaux, ferait circuler les capitaux, augmenterait les recettes municipales, etc., sans que la ville de Paris ni le département aient à débourser un centime; car le rapport de la Commission technique nous apprend que la concession de chacun des quatre ou cinq projets décrits dans ce rapport a été demandée *sans subvention ni garantie d'intérêts*. Or, on peut n'admettre à concourir à l'adjudication du réseau métropolitain que des capitalistes sérieux, desquels on exigera un cautionnement du nombre de millions jugé nécessaire.

Quant à l'augmentation du nombre de voitures, les jours d'affluence, la

Compagnie des omnibus n'en fera rien, parce que ces augmentations de matériel et de cavalerie et leur entretien coûtent fort cher.

D'après MM. Eugène Flachat et Goldschmidt, « l'addition d'une voi-« ture sur une ligne ancienne ou nouvelle exige un capital de 56,810 « francs. La création d'une ligne de vingt voitures emploierait donc un « premier capital de 1,100,000 francs. »

Dans une brochure écrite par un administrateur de la Compagnie parisienne des omnibus, et publiée par cette Compagnie, en 1868, on lit :

« Sur les 31 lignes d'omnibus, plus du *quart* sont exploitées à perte. » Au sujet des voitures supplémentaires, cet administrateur ajoute : « Chaque « jour, à certaines heures, il y a beaucoup de vide dans les omnibus. « Il est vrai que les dimanches et fêtes, quand il fait beau temps, et « même en semaine, de quatre à six heures du soir, l'affluence des voya-« geurs excède souvent le nombre des places disponibles dans les om-« nibus. Mais peut-on demander que l'Entreprise entretienne pendant « sept jours un personnel, un matériel et des chevaux qui ne feront de « recettes que le dimanche? qu'elle entretienne, du matin au soir, des « omnibus qui ne feront un service rémunérateur que pendant deux heu-« res de la journée? Il en coûterait des dépenses énormes *qui exigeraient* « *nécessairement un exhaussement très-sensible des tarifs*. Il faut qu'un omni-« bus travaille utilement tous les jours, et, chaque jour, pendant *treize* « *à quatorze heures*, pour que la combinaison demeure économique. Les « augmentations temporaires de voitures entraînent des frais tellement « considérables qu'elles sont, en quelque sorte, impraticables, etc... Il « convient d'ajouter que si le public a largement profité de l'extension « des services d'omnibus, en 1867 (en vue de l'Exposition du Champ de « Mars), l'Entreprise n'en a *retiré que de la perte*, car les services ainsi « organisés pour des besoins temporaires sont extrêmement coûteux. »

M. LETELLIER. On a renouvelé tout à l'heure l'objection des parcours plus grands à Londres qu'à Paris, objection que nous reproduisons d'après le rapport de la Commission technique (page 25) : « La popula-« tion de Londres est à peu près double de celle de Paris ; mais, excepté « dans la Cité, elle est beaucoup moins condensée. Des squares étendus, « des maisons distinctes par famille, le petit nombre des étages, les jar-« dins et dépendances, toutes ces causes concourent à produire ce résul-« tat qu'une population double occupe un espace au moins quadruple « ou d'un diamètre double. De là on tire cette conclusion, que la lon-« gueur moyenne des courses est double à Londres de ce qu'elle est à « Paris. En supposant, pour chaque habitant des deux pays, la même « activité, le même nombre de courses annuelles, il y a déjà de grandes « chances pour que le Parisien fasse beaucoup plus de *courses à pied* que « l'habitant de Londres ; le nombre de voyages par tête, en voitures, *omni*-« *bus* ou chemins de fer, doit donc être plus réduit à Paris qu'à Londres.

« On arrive, *à fortiori*, à cette conclusion, si l'on ajoute que le climat
« de Paris est beaucoup plus beau que celui de Londres, que l'argent
« est moins abondant ici que là-bas, et que l'activité de l'Anglais est
« supérieure à celle de nos compatriotes. Toutes ces considérations con-
« duisent à supposer moins de voyages par tête qu'à Londres, et, avec
« une population moitié moindre, on ne doit même pas compter des
« recettes égales à la moitié de celles du Metropolitain anglais, etc. »

M. Letellier. Toutes ces suppositions sont assurément ingénieuses,
mais ne peuvent infirmer les faits observés à Londres par l'administrateur délégué *ad hoc*, en 1866, par la Compagnie des omnibus, et consignés
dans la brochure déjà citée : « A nombre à peu près égal de kilomètres
« parcourus, le nombre de voyageurs que chaque Entreprise transporte
« est fort inégal. *Les omnibus de Paris* transportent beaucoup *plus du*
« *double* de voyageurs que les omnibus de Londres, bien que la popu-
« lation de Londres soit d'un tiers plus considérable que celle de Paris,
« et que, par conséquent, l'élément transportable y soit plus abondant. »

M. Letellier ajoute qu'à Londres les omnibus sont plus nombreux,
leur marche plus rapide (8 à 9 kilomètres et demi au lieu de 7 kilomètres
et demi) qu'à Paris.

M. le Président s'étonne de la différence de prix entre la traversée des
voies publiques et celle des propriétés privées; il en demande l'expli-
cation.

M. Letellier. Le chemin de fer projeté à travers les propriétés privées
est partout en contre-bas du sol, excepté entre la gare de Vincennes et
le boulevard de Port-Royal, où il est à 5 ou 6 mètres au-dessus des rues.
Il est généralement à une profondeur suffisante pour le passage sous les
caves des maisons, ce qui permettra de n'exproprier que le *tréfonds* d'un
grand nombre de propriétés. Le tréfonds a été payé un franc le mètre
carré, au chemin de fer de Ceinture (rive droite). Quand la profondeur
sera moindre, plusieurs caves seront supprimées dans chaque maison
traversée, et alors les intéressés pourront demander l'application de la
loi d'expropriation du 3 mai 1841, d'après laquelle « les bâtiments dont
il est nécessaire d'acquérir une portion seront achetés en entier si les
propriétaires le requièrent... »

La location des propriétés acquises et non démolies sera productive,
cela est certain, mais en attendant qu'on puisse les revendre, la Cie du
Métropolitain devra constituer son capital de manière à pouvoir payer
intégralement un certain nombre d'immeubles traversés. C'est pour ce
motif que le chiffre de vingt millions par kilomètre a été porté à l'estimation, afin de parer *largement* aux éventualités, chiffre ne s'appliquant, du reste, qu'au seul kilomètre situé dans la partie centrale de
Paris.

L'économie à réaliser sera encore plus considérable sur les 5,700 mètres
de chemin de fer projeté à travers les propriétés situées dans les quartiers

éloignés du centre de la ville, et évalués à 10,000 fr. le mètre courant ; car, malgré les frais relatifs à la consolidation des maisons, la dépense à faire pour l'exécution des travaux ne dépassera peut-être pas le chiffre de 3,500 fr., porté à l'estimation pour l'établissement du mètre courant de tunnel sous les voies publiques, chiffre comportant la déviation des égouts secondaires, des conduites d'eau et de gaz, le maintien des communications aux intersections des rues, le matériel roulant, etc., etc.

Mais, comme il a déjà été dit, la Cie du Métropolitain devra constituer son capital de manière à pouvoir payer intégralement un certain nombre de propriétés traversées.

A Londres, le Metropolitan Railway, qui s'était peut-être laissé entraîner à faire des spéculations, possédait en août 1869, outre la surface nécessaire au chemin de fer, des terrains bâtis ou non bâtis, évalués, par experts, à 30 millions de francs (1,200,000 livres sterling). Les maisons et terrains loués produisaient un revenu annuel de 925,550 fr. (qui s'élevait à 1,187,500 fr. en juillet 1870), les maisons et terrains non loués pouvaient produire un revenu de 187,500 fr. par an. Le surplus du terrain, qui était propre à bâtir, ne pouvait être rendu productif que par ventes graduelles. (Rapport des experts, du 17 août 1869.)

Un membre exprime quelques doutes sur la possibilité d'emprunter 10 kilomètres à la ligne de Mulhouse pour le chemin extérieur que propose M. Dupuy. Le nombre de trains à y faire passer ne sera-t-il pas trop élevé ?

M. Dupuy ne le pense pas, et il ajoute qu'on pourra, du reste, ajouter une troisième voie sur cette section.

M. Desprès, après avoir rendu hommage au travail si étendu de M. Letellier et lui avoir signalé certaines difficultés d'exécution, expose les principes qui doivent, selon lui, régir les directions à donner au Métropolitain ; puis il décrit les directions des lignes qu'il croit devoir former le réseau métropolitain à l'origine. Ces lignes sont au nombre de deux :

1° Ligne de transit de Saint-Denis à Choisy-le-Roi ;

2° Ligne du pont de Saint-Cloud à la précédente, par le bois de Boulogne, les grands boulevards et la Bastille, avec embranchement sur Asnières.

M. Després estime que la première section à exécuter serait celle comprenant la ligne de transit et la branche la raccordant à la place du Château-d'Eau.

Après avoir étudié les difficultés et l'opportunité des passages de l'égout Sébastopol, de la rue Royale et de l'avenue de la Grande-Armée, M. Després signale trois variantes à sa première direction, et la possibilité de deux lignes futures, à propos desquelles il expose les avantages du passage par dessus la Seine, au quai Henri IV.

M. Després traite la question des dépenses et des recettes, puis celle du raccordement des Halles, et termine en exprimant l'espérance que la ville de Paris et le département de la Seine comprendront, pour les raisons exposées dans la communication qu'il fait, qu'ils doivent s'intéresser d'une manière effective à la création du Métropolitain.

M. Letellier, après avoir jeté un coup d'œil sur la carte annexée à la note de M. Després, dit que si le réseau métropolitain adopté par le Conseil général se compose de deux lignes en croix, celui que M. Després propose est encore plus simple, car il ne comporte, dans l'intérieur du mur d'enceinte de Paris, qu'une seule ligne de fer allant de la porte Dauphine vers Bercy, sans desservir directement aucune gare *terminus* des huit lignes de fer pénétrant dans Paris.

M. Vauthier maintient que la question ne lui paraît pas suffisamment étudiée, au double point de vue de la circulation à desservir et de la praticabilité des longs tunnels.

On lui semble avoir fait un faux raisonnement en prenant pour base du tracé d'un Métropolitain, la direction et l'intensité actuelles du trafic des omnibus; on n'a pas tenu compte des parcours effectués par les voyageurs en omnibus; ceux qui vont d'une extrémité à l'autre sont les moins nombreux, et la plus grande partie ne parcourent qu'une fraction de la distance. Ces derniers resteront en dehors de l'action d'un chemin de fer, suivant la même direction, parce qu'ils seront obligés de faire un certain trajet pour aller trouver la station, tandis qu'on prend l'omnibus à un point quelconque de la ligne.

Il faut donc que la circulation des omnibus soit analysée de manière à faire ressortir la distance moyenne parcourue.

Quant aux longs tunnels, dans quelle limite sont-ils ou ne sont-ils pas exploitables? Cette question n'a pas été entièrement élucidée; la preuve en est dans ce fait que, dans le rapport du Métropolitain de Londres, pour le dernier semestre de 1871, on y signale les résultats satisfaisants obtenus en pratiquant des ouvertures dans l'un des tunnels, et on se propose d'étendre l'emploi de ce système, ce qui veut dire évidemment que l'état actuel des tunnels laisse encore à désirer.

M. Vauthier propose donc, en raison des doutes qui existent encore sur les deux questions de la circulation et des tunnels, que la Société prenne en main leur étude.

M. Bergeron vient de Londres et a circulé sur le Métropolitain; il croit devoir constater que, sans doute à cause des charbons employés dans cette période de crise houillère, il l'a trouvé excessivement incommode.

M. Dupuy pense que ce n'est que par suite d'une circonstance accidentelle; car si les tunnels du Métropolitain étaient incommodes, on ne constaterait pas, par la statistique, cette énorme progression dans le nombre des voyageurs, qui ne s'est pas arrêtée jusqu'à présent.

M. Letellier demande la permission de répondre à M. Vauthier que, si l'on ne fait pas suivre au projet de réseau métropolitain les grands courants actuels de circulation, on s'expose à tomber dans un arbitraire qui peut être fort préjudiciable à la prospérité de ce réseau.

En septembre 1867, la ventilation des longs tunnels de Londres a été l'objet d'un soigneux examen par plusieurs éminents chimistes qui, dans leur rapport, constatèrent que *l'atmosphère du Metropolitan Railway n'étai pas insalubre ni préjudiciable à la santé.*

Le nombre de kilomètres parcourus sur ce railway par les trains, qui était de 564,045 kilomètres dans le deuxième semestre de l'année 1868, s'élevait à 1,141,208 kilomètres pour le semestre correspondant de l'année suivante, soit le double.

Par suite de cette augmentation considérable du nombre de trains, on jugea utile de pratiquer dans la voûte de chacun des deux longs tunnels, cinq fissures ovales de 0^m.90 de large sur 6^m.50 de long, qui les assainirent complétement, car l'année dernière, après examen sur place, les savants ingénieurs de la Commission technique, qu'on ne peut suspecter de grande tendresse pour le Metropolitan, constatèrent, dans leur rapport, que l'exploitation, dans ces tunnels, est « dans de bonnes conditions... et que personne ne se plaint ni de la vapeur ni de la fumée des locomotives. »

M. LE PRÉSIDENT insiste pour que nous nous attachions, surtout, aux questions de principes, et appuie, à cet égard, la proposition de M. Vauthier.

M. DE BRUIGNAC, sans aborder le fond de la question, qu'il n'a pas spécialement étudiée, voudrait faire une remarque relative au rendement, selon lui, élément essentiel d'un bon projet. Le Metropolitan de Londres, dont l'exemple s'offre dès qu'on parle de chemin de fer dans Paris, permet à peine la comparaison, parce qu'il est placé dans des conditions peut-être uniques, en tout cas inconnues en France et à Paris. A Londres, *tout* le monde financier et du grand commerce va, *chaque jour*, faire ses affaires dans la cité, où *personne* n'habite ; on vient même de loin, car la cité est à l'est de Londres, tandis que l'on habite surtout dans les faubourgs du nord au sud-ouest. De sorte que le Metropolitan ne sert qu'à la circulation entre ses diverses stations et l'*une* de ses extrémités ; son service « d'omnibus » de station à station est insignifiant. Il paraît donc impossible de baser sur les résultats du Metropolitan des prévisions concernant Paris. — M. de Bruignac ajoute, par occasion, qu'il n'a jamais remarqué dans le Metropolitan l'inconvénient de la fumée ou du manque d'air, et qu'il avait même été frappé du contraire.

Après l'échange de quelques observations complémentaires sur le coût probable du chemin, dans les parties couvertes d'habitations, la discussion est renvoyée à une prochaine séance.

SÉANCE DU 6 FÉVRIER 1874.

Présidence de M. JORDAN.

. . . .

M LE PRÉSIDENT donne l'analyse d'une lettre que M. Flachat avait reçue, il y a deux ans, de M. Guibal et renvoyée à la Société, au sujet de ses appareils mécaniques de ventilation, lettre qui se rattache aux observations de M. Letellier sur la possibilité de ventiler les grands souterrains de chemins de fer.

M. Guibal, dont la compétence sur ces questions est parfaitement reconnue, indique qu'il a établi les appareils de son système dans plus de deux cents mines, et que son expérience lui permet de s'engager à produire tel courant qu'on jugera nécessaire dans les souterrains projetés, et à entreprendre, à ses frais, risques et périls, telle ventilation qui lui serait proposée et en garantissant la réalisation.

M. LETÉLLIER. Dans la séance du 4 avril dernier, M. Vauthier, en finissant de traiter la question du projet de chemins de fer dans Paris, demanda dans quelle limite les longs tunnels sont-ils ou ne sont-ils pas exploitables?

La réponse existe dans l'expérience directe qui se fait constamment, depuis une dizaine d'années, au Metropolitan Railway de Londres. Voici ce qu'en disent, dans leur rapport autographié, les cinq éminents ingénieurs formant la Sous-Commission spéciale des chemins de fer et tramways dans le département de la Seine.

« ..... A partir d'Edgware Road, en présence de 3250 mètres de souterrain presque continu, on est bien obligé de condenser..... En somme, les règlements relatifs à cette condensation sont rigoureux; mais, dans la pratique, on n'en tient qu'un compte assez incomplet, et sans même attendre qu'on soit en section découverte, on lâche la vapeur par la cheminée de la locomotive, surtout à la fin du voyage, quand on s'aperçoit, par la vapeur qui s'échappe d'un tuyau émergeant de la boîte

à eau, que l'eau de condensation commence à s'échauffer sensiblement.

« A l'égard du combustible, on s'était astreint, dès l'abord, à ne brûler
que du *coke* entièrement pur, débarrassé surtout de tout élément sulfu-
reux. Cette matière spéciale revenant extrêmement cher, on ne l'a employée que pendant les deux premières années..... Depuis cinq ou six
ans, on se contente d'un *charbon* d'excellente nature, provenant du pays
de Galles, qui brûle sans presque donner de fumée et ne répand pas de
vapeurs sulfureuses sensibles. En tout cas, au point où l'on arrive en
section couverte de quelque longueur, ordre est donné de fermer la
cheminée et de diminuer, par un registre, l'introduction de l'air dans le
foyer. »

« En fait, que cet ordre absolu soit, comme celui du condenseur,
« plus ou moins exécuté par les mécaniciens, *il est certain qu'il se pro-*
« *duit fort peu de fumée, et le parcours dans les souterrains de quelque lon-*
« *gueur, s'effectue sans gêne appréciable pour les voyageurs.*

« Les machines du Great Western, admises sur le Metropolitan Rail-
« way, entre Bishop's Road et Moorgate Street, n'ont que six roues sans
« avant-train articulé. Elle sont des condenseurs beaucoup moins grands
« que ceux des machines spéciales du Metropolitan, et le *charbon qu'elles*
« *brûlent est loin d'être aussi pur* que celui de ces dernières. Il est en-
« tendu cependant qu'avant d'être employé, il doit être soumis à l'exa-
« men et à l'analyse de l'ingénieur de la traction du Metropolitan. Ces
« machines, néanmoins, circulent sans difficulté, assez fréquemment
« dans la journée, sur la *portion du Metropolitan la moins bien ventilée, et*
« *personne ne se plaint de leur insuffisance, au point de vue de la vapeur et de*
« *la fumée; ce qui semblerait annoncer (et cette conclusion ressort, du reste,*
« *très-frappante, de ce qui nous a été dit bien des fois) qu'on s'était exagéré, à*
« *l'origine, les inconvénients du parcours en souterrain continu qui nous oc-*
« *cupe, et qu'il a suffi de quelques ouvertures introduites après coup dans ce*
« *long tube, pour le rendre presque aussi commode à parcourir que le reste du*
« *réseau.* »

Voilà le dire d'ingénieurs dont personne ne songe à contester la haute
compétence et l'impartialité.

M. Letellier cite ensuite l'opinion de la majorité des quatorze ingénieurs en chef des ponts et chaussées, des mines, des chemins de fer, etc.,
composant la Commission spéciale nommée par le préfet de la Seine et
choisis, comme le disait M. E. Flachat, parmi les plus notables [1].

---

[1] Cette Commission était composée de MM. *Alcan*, ingénieur civil ; *Alphand*, directeur
des travaux de Paris ; *Belgrand*, directeur des eaux et égouts ; *Callon*, ingénieur en chef des
mines ; *Couche*, ingénieur en chef au chemin de fer du Nord ; *Delesse*, ingénieur en chef
des mines ; *Jacquot*, inspecteur général des carrières ; *Kleitz*, inspecteur général des ponts

« Pour pouvoir condenser la vapeur sur le parcours d'un plus grand nombre de kilomètres qu'au Metropolitan de Londres, il suffit de faire un condenseur assez grand pour contenir une provision d'eau dont la température ne doive pas s'élever trop haut. On reconnaît aisément qu'il n'y a pas à cela d'impossibilité ; il suffit d'augmenter de quelques tonnes le poids du moteur.

« Mais, par cela même que l'on condense, on perd le tirage artificiel que produit, dans la cheminée, l'échappement de la vapeur qui sort des cylindres ; la machine n'ayant plus de tirage cesserait de produire de la vapeur.

« On a d'abord examiné s'il ne serait pas possible de se passer de la production de vapeur en marche ; on peut y arriver en établissant une chaudière assez puissante, pour qu'avec une locomotive-tender de 50 à 52 tonnes (celles de Londres atteignent 42 tonnes), on puisse, en la préparant convenablement, *ne pas produire de vapeur pendant un parcours de 5 à 6 kilomètres, ou plutôt ne pas brûler de combustible pendant ces 6 kilo- mètres,* et se borner à dépenser le calorique absorbé d'avance par l'eau de la chaudière.....

« Une autre solution a été indiquée par l'emploi du souffleur pendant les stationnements ; des expériences faites dans ces derniers temps, à diverses reprises, sur six types de machines, avec le souffleur usuel, ont montré qu'on pouvait relever la pression d'une atmosphère dans des périodes variables de vingt-neuf à soixante-quinze secondes, très-com- parables avec la durée des temps d'arrêt. On pourrait installer des souf- fleurs plus énergiques et, d'ailleurs, la pression ne baisserait pas d'une atmosphère d'une station à une autre.

« Il suffirait donc d'organiser les stations de façon à pouvoir y faire fonctionner le souffleur sans inconvénient ; il faudrait, pour cela, pou- voir amener la cheminée de la machine sous une hotte qui conduirait les gaz au-dessus du sol..... » (Rapport de la Commission spéciale, page 40.)

Suivant M. l'ingénieur en chef Vuillemin, « on peut, à l'aide du souf- « fleur, remonter en pression en trente secondes. Il est nécessaire d'a- « voir une chaudière d'une grande puissance, de sorte que, partant en « pleine pression d'une station, on arrive à la station suivante avec une « diminution d'à peine une atmosphère, ayant pour ainsi dire vécu sur « son propre fonds. »

« A Londres, les cylindres des machines du Metropolitan ont un très-

et chaussées ; *Krantz*, ingénieur en chef de la navigation de la Seine ; *Mantion*, directeur du chemin de fer de Ceinture ; *Mayer*, ingénieur en chef du matériel des chemins de fer de l'Ouest ; *Rozat de Mandres*, ingénieur en chef du département de la Seine ; *Solacroup*, directeur de la compagnie d'Orléans ; *Vuillemin*, ingénieur en chef du matériel et de la traction des chemins de fer de l'Est.

grand diamètre, afin de démarrer très-promptement. D'un autre côté, le train est relativement léger vis-à-vis des freins dont il dispose, et il s'arrête rapidement. Le degré de l'arrêt est très-court, trente secondes environ; les deux conducteurs qui accompagnent le train se précipitent sitôt l'arrêt, ouvrent les portières et regagnent leur poste; les portières sont fermées par des hommes de la gare pendant que le train démarre..... » (Séance des ingénieurs civils, du 17 mai 1872.)

La majorité de la Commission des quatorze ingénieurs, déjà citée, en proposant l'exécution des deux lignes de fer principales, du bois de Boulogne à la Bastille, par les boulevards intérieurs, et du nord au sud en traversant tout Paris (lignes qui ne peuvent être établies qu'en souterrain à peu près continu), a reconnu la possibilité de les exploiter. Cette Commission a, en outre, repoussé les divers systèmes aériens projetés dans la région centrale de Paris. Voici son opinion, résumée dans le Mémoire de M. le Préfet de la Seine, du 9 avril 1872. « La Commission a d'abord reconnu que les travées métalliques des chemins de fer aériens, et les passages fréquents de trains à la hauteur du premier étage, étaient inadmissibles pour les boulevards intérieurs. Ce système amènerait une dépréciation sérieuse d'immeubles importants, gênerait la circulation et endommagerait les arbres. La Commission a donc émis l'avis que, sans repousser les chemins de fer aériens, qui pourraient trouver leur place sur les boulevards extérieurs et d'autres lignes en dehors du centre, il y avait lieu de les proscrire sur les deux lignes principales, ainsi que sur quais, où ils produiraient le plus fâcheux effet en coupant la perspective des monuments remarquables qui les bordent. »

M. Letellier ajoute que la majorité de cette Commission s'est, en outre, prononcée pour donner aux souterrains la section usuelle (minimum de 4^m,30 au-dessus des rails), « parce que cette section admet tous les modes de traction, qu'elle présente moins d'inconnu que la section réduite, qu'elle permet le raccordement avec les grandes lignes, et, enfin, parce qu'elle laisse entière la question de l'approvisionnement des Halles, et de l'introduction des marchandises dans les entrepôts et magasins généraux situés au centre de Paris. »

En ce qui concerne le mode de traction, la Commission spéciale, tout en donnant la préférence à la locomotive sur le système funiculaire, a, dans son projet de cahier des charges, proposé de laisser au concessionnaire la faculté d'employer des machines locomotives ou des machines fixes.

Une deuxième Commission, choisie par le Conseil général dans son sein, et dont faisaient partie nos collègues MM. Callon et Dupuy, « n'a pas voulu se contenter des renseignements, nécessairement un peu abrégés, que la Commission technique a consignés dans son rapport imprimé, et elle a désiré entendre deux membres de cette Commission, MM. Mantion et Vuillemin, dont la haute expérience dans l'exploitation des chemins de fer est connue de tous. »

Les conclusions du rapport de cette deuxième Commission ont déjà été données aux pages 24 et 25 de la Notice.

Du reste, notre regretté président honoraire, M. Eugène Flachat, dont la grande compétence n'était contestée par personne, admettait parfaitement cette possibilité. Son projet de chemin de fer des Halles, long de 6 kilomètres, est souterrain sur 5 kilomètres et demi.

La locomotive à gaz résoudra peut-être définitivement le problème d'exploitation des longs tunnels.

Mentionnons, à titre de renseignement :

1° Le tunnel, avec ventilateur, sous la ville de Liverpool, cité par M. Dupuy, tunnel parcouru sans inconvénient par des trains passant toutes les cinq minutes, et dont les locomotives sans condensation consomment des houilles fuligineuses ;

2° Le tunnel du Mont-Cenis, de 12 234 mètres de longueur, visité l'an dernier par huit de nos collègues ; visite dont M. Richard a rendu compte à la Société le 7 juin 1872.

M. Letellier vient, pour le principe seulement, de citer un certain nombre de faits démontrant la possibilité d'exploiter les longs tunnels ; car il a pu facilement, et sans aucune modification des tracés de son réseau, couper les tunnels en tronçons de moins d'un kilomètre, souvent espacés de 100 mètres aux stations, comme chacun peut s'en assurer en jetant les yeux sur les plans et les profils au 1/5000 qu'il présente à la Société.

On a exprimé la crainte que les maisons sous lesquelles passera le chemin de fer fussent dépréciées par le bruit et par les vibrations. L'auteur du projet s'est renseigné à ce sujet, notamment auprès des personnes demeurant depuis quatorze ans cité de Reuilly, au rez-de-chaussée d'une *maison assise sur la voûte même* du chemin de fer de Vincennes et antérieure à ce chemin. Voici ce qu'on lui a répondu : « Quand le train passe, on entend un bruit sourd auquel on s'habitue rapidement, et qui est beaucoup moins désagréable que celui des grosses voitures sur le pavé de Paris..... Les pendules continuent à marcher très-régulièrement, etc. »

Quand on parle de chemin de fer sous les rues, on se figure que les voyageurs devront descendre l'équivalent d'un grand nombre d'étages. Dans la plupart des stations souterraines du projet, le nombre de marches de larges escaliers bien éclairés sera seulement d'une trentaine, entre le niveau de la rue et celui des quais d'embarquement, tandis qu'aujourd'hui, dans Paris, l'ascension de la gare Saint-Lazare est de trente-quatre marches ; celle de la gare Montparnasse de cinquante-quatre : celle de la station de Grenelle-Ceinture de soixante-quatre, etc.

Le nombre des marchés serait augmenté d'une dizaine, si les stations étaient aériennes, parce qu'alors la hauteur du quai au-dessus des rails s'ajouterait au lieu d'être déduite.

A la traversée des propriétés particulières, surtout dans la région centrale de Paris, le chemin de fer devra, autant que possible, sans nuire aux stations, passer au-dessous des caves, afin de réaliser une économie considérable en n'expropriant que le *tréfonds*. La Compagnie du Nord l'a payé *cinquante centimes* le mètre carré, dans la traversée de la ville haute de Boulogne-sur-Mer. Le chemin de fer de Ceinture a payé le tréfonds *un franc* le mètre carré aux tunnels de Belleville et de Charonne. (Ces tunnels ont ensemble 2145 mètres de longueur; ils ont coûté respectivement 1063 francs et 1110 francs le mètre courant, têtes comprises. Ils furent exécutés rapidement, en galerie, dans la glaise, la marne et le gypse, sous la direction de M. Couche, au travers de carrières abandonnées et parfois effondrées.)

M. LETELLIER demande à ajouter un renseignement relatif aux chemins de fer souterrains dans les villes américaines, d'après les *Annales des ponts et chaussées* de juillet 1873.

Celui de Baltimore, le premier construit en Amérique, se compose de deux lignes distinctes de tunnels à deux voies. Ces lignes ont ensemble une longueur totale de 3 milles et 1/2 (5633 mètres), ayant coûté 5 millions de dollars environ (27000000 francs). La partie réellement enterrée a 2 milles (3219 mètres); le reste est en tranchées sous quarante-deux rues et avenues franchies au moyen de ponts. Maintenant, tous les chemins de fer, à peu près, sont en communication et *arrivent au centre de la ville*.

« Le chemin de fer souterrain de Baltimore passe à travers la plus belle partie de la ville, dans la partie habitée par la population riche et fashionable; mais *personne n'en est incommodé* et la circulation n'est nullement entravée.

« La législature de l'État de New-York, dans sa dernière session, a accordé la concession d'un chemin de fer souterrain dans cette ville; il doit s'étendre depuis la *Battery* jusqu'au *Central-Park*, en passant sous *Broadway*, sur une longueur de 5 milles (8047 mètres), avec un embranchement sous la *Madison-Avenue*, aboutissant à la rivière de Harlem, sur une longueur de 6 milles (9656 mètres), soit 11 milles en tout. Le sol est favorable et le tracé est presque en ligne droite.

« Cette ligne sera, sans aucun doute, la plus fructueuse de tous les chemins de fer métropolitains du monde, car elle passe directement sous une rue qui est à la fois le centre des affaires et l'artère principale de la circulation à New-York. Des démarches sont commencées pour la construction de cette ligne. »

M. RICHARD croit que la question de l'aération des tunnels n'est pas la grosse difficulté des chemins de fer dans Paris, et qu'il y en a d'autres d'un ordre tout différent, et complétement en dehors des questions techniques.

M. Letellier suppose que c'est la question technique qui préoccupe l'Administration supérieure, car le rapport déjà cité, de la Commission des quatorze ingénieurs, constate que la concession de quatre projets principaux de chemins de fer dans Paris a été demandée *sans subvention ni garantie d'intérêts*.

RENSEIGNEMENTS COMPLÉMENTAIRES.

Désirant ne laisser subsister aucune objection à notre projet de chemins de fer dans Paris, nous allons répondre à celles qui nous ont échappé dans le cours de la discussion de ce projet devant la Société des Ingénieurs civils.

Séance du 24 mars 1873. — Un membre dit que la ligne de fer des boulevards intérieurs ferait *double emploi* avec celle projetée rue de Rivoli.

Est-ce que les omnibus circulant aujourd'hui dans cette rue font double emploi avec ceux de la Madeleine à la Bastille?

Même séance. — Une question, omise au procès-verbal qui reproduit la réponse, a été faite au sujet des stations projetées à ciel ouvert, dans la partie réservée aux piétons, sur les boulevards extérieurs, dans l'avenue de Neuilly, près du rond-point des Champs-Élysées, au Château-d'Eau, à la barrière Saint-Denis, etc.

Ces stations seront généralement à ciel ouvert sur toute leur longueur, mais sur une largeur strictement suffisante pour aérer et éclairer l'intérieur.

Des ponts ou passerelles métalliques seront, au besoin, établis sur cette longue ouverture pour maintenir la circulation.

Les locomotives en stationnement lanceront leur fumée dans une hotte très-oblongue en tôle, fixée à chaque extrémité de station, et débouchant dans une cheminée-kiosque ou une colonne couverte d'affiches.

D'autres ouvertures, longues et étroites, seront également établies en pleine ligne, pour assurer la ventilation du tunnel. L'une d'elles est projetée au milieu de la rue de Rennes, dans l'élargissement situé vis-à-vis la rue Saint-Placide. Ces ouvertures ne gêneront pas plus la circulation que l'importante station de cabriolets établie dans l'axe de la rue, très-fréquentée, du Faubourg-Saint-Honoré, large de 23^m,80 en cet endroit où passent trois lignes d'omnibus. En outre, de nombreuses cheminées d'aérage du tunnel déboucheront dans des colonnes ou des kiosques placés sur les trottoirs, etc.

Séance du 4 avril 1873. — On a dit : « Les voyageurs qui vont d'une extrémité à l'autre d'une ligne d'omnibus sont les moins nombreux, et la plus grande partie ne parcourent qu'une fraction de la distance. Ces derniers resteront en dehors de l'action d'un chemin de fer suivant la même direction, parce qu'ils seront obligés *de faire un certain trajet pour aller trouver la station, tandis qu'on prend l'omnibus à un point quelconque de la ligne.* »

Ceci est vrai pour les privilégiés des rues desservies ; mais ceux qui habitent les autres rues ont à faire un trajet souvent aussi long que pour se rendre à une station du Métropolitain, où ils iront de préférence, à cause de la certitude de trouver place dans les trains passant toutes les cinq minutes, certitude qu'on ne peut jamais avoir avec les omnibus pris sur un point de leur parcours. En outre, ceux qui se servent des omnibus par correspondance savent qu'il est généralement impossible d'arriver à destination à heure fixe, et connaissent l'ennui d'attendre longtemps au bureau qu'il y ait une ou deux places vacantes dans le véhicule.

Le réseau que nous avons projeté est étendu à peu près régulièrement sur toute la ville (voir la planche n° 2), mais avec lignes de fer plus rapprochées au milieu, où la population est la plus dense et la plus active, et suivant la direction principale de cette activité, car il ne suffit pas qu'un train emporte rapidement les voyageurs, il faut encore que le trajet pour se rendre à la station voisine ne dépasse guère un demi-kilomètre.

Même séance. — Un membre a dit : « Le Metropolitan de Londres, dont l'exemple s'offre dès qu'on parle de chemin de fer dans Paris, permet à peine la comparaison, parce qu'il est placé dans des conditions peut-être uniques, en tout cas inconnues en France et à Paris. A Londres, *tout* le monde financier et de grand commerce va chaque jour faire ses affaires dans la Cité, où *personne* n'habite..... De sorte que le Metropolitan ne sert qu'à la circulation entre ses diverses stations et l'*une* de ses extrémités ; son service d'omnibus, de station à station, est insignifiant. »

Rappelons d'abord que, généralement, les voyageurs du Metropolitan ne sont ni des financiers ni de grands commerçants, puisque, d'après le compte rendu officiel, les *sept dixièmes* appartiennent à la classe ouvrière.

Quant au mouvement lui-même, le savant rapport de M. Callon, déjà cité, s'était d'avance (8 mai 1872) chargé de la réponse : « On a dit qu'une fraction importante du trafic du Metropolitan de Londres était due aux habitudes d'une grande partie de la population, qui a deux domiciles : l'un dans la Cité, pour les affaires ; l'autre à la campagne, pour la famille. Or, on remarque, depuis plusieurs années, que la même tendance se développe à Paris, même chez les personnes d'une aisance médiocre. Les Compagnies de chemins de fer, celles de l'Ouest et de l'Est surtout, ont favorisé autant qu'elles l'ont pu cette tendance. Toute la partie occidentale de Paris ressemble à Londres ; le chemin de fer de l'Ouest joue le rôle d'un vrai chemin métropolitain ; il transporte nombre de voyageurs à plus de 3 kilomètres. Enfin, certaines voies, dans Paris, sont au moins aussi encombrées qu'à Londres. »

L'autre objection, « que le Metropolitan ne sert qu'à la circulation entre ses diverses stations et l'une de ses extrémités, et que son service de station à station est insignifiant, » a été, dans le cours de la discussion, présentée sous une autre forme, à propos de la préférence qu'on accorderait aux omnibus parisiens pour les faibles parcours. C'est une erreur que le chef de l'exploitation du Metropolitan a réfutée d'avance, de la manière suivante, avec chiffres à l'appui..... « Tandis qu'un grand nombre de voyageurs circulent maintenant entre les stations terminales, néanmoins le nombre transporté entre les différentes stations intermédiaires est beaucoup plus grand. » (... yet the numbers conveyed between the several intermediate stations are much greater.....) Rapport officiel du Metropolitan, de février 1865.

Même séance. — Un membre dit : « Les habitants de Paris, qui auront à s'éloigner de Paris, continueront à se servir de voitures pour se rendre avec leurs bagages aux gares de départ des grandes lignes, parce que ces voitures les prennent à domicile..... »

Le cas est le même à Londres ; néanmoins le nombre de voyageurs sur le Metropolitan est énorme et augmente chaque année (Voir page 15).

Voyons ce qui se passe à Paris.

D'après le compte-rendu officiel de la Compagnie de l'Ouest, la gare de Saint-Lazare, en 1869, a eu 11,539,684 voyageurs de banlieue et seulement 1,714,253 pour les grandes lignes. Or, ceux qui prennent les trains de banlieue sont généralement sans bagages ou les portent à la main, et chacun sait que les voyageurs de grandes lignes avec bagages nécessitant un fiacre sont loin d'être en majorité. L'objection est donc sans importance, au point de vue du réseau métropolitain projeté.

Séance du 6 février 1874. — Aux divers renseignements que nous avons fournis sur la possibilité d'exploiter, sans inconvénients pour le public, les parties souterraines du réseau métropolitain parisien projeté, nous croyons utile d'ajouter l'extrait suivant d'une note très-intéressante, publiée par M. l'ingénieur en chef Malézieux, dans les *Annales des ponts et chaussées* d'avril 1874.

« Il s'agit d'une invention récente pour laquelle le docteur Lamm est breveté depuis deux ans à peine, et qui est déjà appliquée ou va l'être, sur une grande échelle, dans plusieurs villes de l'Union américaine.

« La Nouvelle-Orléans est du nombre. C'est là, c'est sur le tramway qui unit cette ville au bourg de Carrolton, que M. Fliche, sous-ingénieur de la marine, a vu fonctionner la locomotive sans foyer (fireless) dont nous allons parler d'après lui.

« Cette locomotive consiste en un corps cylindrique dans lequel on emmagasine de la vapeur au départ, et en deux petits cylindres à vapeur installés verticalement à l'arrière du véhicule. Le mouvement des pistons se transmet par un engrenage à l'essieu des roues d'arrière ; l'essieu des roues d'avant est fixe. Le réservoir, qui occupe la place assignée à la chaudière dans les locomotives ordinaires, a 36 pouces (0^m,91) de diamètre intérieur et environ 2^m,70 de longueur. On le remplit d'eau surchauffée en laissant 0^m,20 de hauteur libre pour la vapeur. Un dôme de prise de vapeur est relié par deux tubes avec les petits cylindres. Ceux-ci fonctionnent sans appareil de détente. Ils ont 0^m,13 de diamètre et 0^m,18 de course.

« Le réservoir est en tôle d'acier de 0^m,006 d'épaisseur. Pour le protéger contre le refroidissement, — ce qui est ici un point capital, — on l'enveloppe d'abord d'une couche de matières non conductrices de la chaleur : plâtre de Paris, amiante, poil de vache, charbon de bois. Ces matières sont en quantités à peu près égales ; cependant l'expérience conduit, paraît-il, à augmenter la proportion du charbon de bois et à remplacer le plâtre par de la cendre. Le charbon est en morceaux concassés de la grosseur d'une noisette. Le tout est bien mélangé et bourré à sec, sur place, en une couche de 0^m,05 d'épaisseur, qui ne doit présenter aucun vide. On dispose à l'entour des douves en bois, de 0^m,013 d'épaisseur, qu'on maintient avec un revêtement en tôle mince.

« A l'intérieur du réservoir, près du fond, et dans toute la longueur, règne un tuyau percé, sur son pourtour, d'un grand nombre de petits trous. Ce tuyau traverse la paroi d'avant du réservoir et se termine au dehors par une sorte de collerette ou bride. Un robinet commande l'orifice. C'est là le tuyau alimentaire du réservoir.

« Un générateur de vapeur est installé à la station de départ. La locomotive vient se placer à proximité, sur une plate-forme, dans une position fixe. Deux tubes, partant l'un du haut et l'autre du bas de la chaudière, se réunissent en un tuyau horizontal sur lequel s'embranche, entre deux robinets, un tuyau oscillant dont l'extrémité inférieure vient aisément trouver l'orifice d'entrée du tuyau alimentaire. Il y a là une sorte d'assemblage à brides de joint, qu'on ferme hermétiquement avec une clavette et un coup de marteau.

« Lorsqu'on veut charger le réservoir, on commence par l'échauffer avec de la vapeur. Puis on y laisse entrer la quantité d'eau convenable, fermant le robinet dès que l'eau s'écoule par un robinet-jauge placé en dehors. La température de cette eau est d'environ 193 degrés centigrades, ce qui correspond à une pression de vapeur de 170 livres par pouce carré (11 1/2 atmosphères).

« *La locomotive est alors prête à partir : elle peut traîner, sur une distance de près de quinze kilomètres, à une vitesse supérieure à celle des chevaux, une voiture contenant jusqu'à soixante voyageurs. Au retour, il suffit de quatre minutes environ pour la remettre en charge,* pour restituer la quantité d'eau vaporisée pendant le voyage et ramener la vapeur à sa pression originelle. Ordinairement on charge à 125 livres (8 1/2 atmosphères).

« ..... Depuis plus de six mois que ces locomotives font un service régulier, la température extérieure étant descendue à 4°,44, celle de l'eau n'a pas baissé de plus de 1°,67 par heure, malgré une différence de 188 degrés. D'où l'on peut inférer que, dans les pays plus froids, le refroidissement n'augmenterait pas beaucoup et pourrait être efficacement combattu par une surépaisseur de l'enveloppe isolante.

« Avec ce moteur d'un nouveau genre, *il n'y a pas d'explosion à craindre, car la pression ne peut pas monter ;* elle ne peut que descendre, et les réservoirs sont éprouvés d'abord au double de la pression maximum.

« Pas de chances d'avaries pour la chaudière, pas de variations occasionnées dans la température par l'inexpérience d'un chauffeur.

« Point de foyer lumineux ni d'escarbilles incandescentes pour effrayer, le soir, les chevaux dans les rues fréquentées.

« Point de flammèches ni de fumée. On entend à peine le bruit produit par une aussi faible émission de vapeur, et, d'ailleurs, les appareils qui se construisent en ce moment pour des tramways de New-York seront pourvus de condenseurs placés sous le réservoir..... »

Nous avons dit (page 13 de la Notice) que les trains du Metropolitan-Railway se composent presque invariablement de 5 wagons à 8 compartiments ou de 10 à 4 compartiments. Chaque train pouvant transporter 350 voyageurs, soit six fois autant que l'unique wagon remorqué sur les rails parfois boueux d'une route, par la locomotive sans foyer, il n'est nullement impossible de construire un moteur de ce genre, au moins six fois plus puissant que celui dont nous venons de donner la description sommaire.

D'ailleurs, aucune ligne de fer du Métropolitain parisien projeté ne dépasse les 2/3 des quinze kilomètres parcourus par la locomotive américaine.

Même séance. — Voici un nouveau témoignage relatif à la crainte chimérique que les maisons sous lesquelles passera le chemin de fer seraient dépréciées par le bruit et par les vibrations :

« Je demeure, écrit un ingénieur, au-dessus du souterrain des Bati-« gnolles, complétement au-dessus, et je vous garantis que je ne ressens « aucun mouvement gênant ; on y dort parfaitement et les plafonds « sont intacts. Certains trains font choquer les verres, mais avec une « force bien moins considérable que le passage d'une voiture de bou-« cher lancée au galop, ou le passage d'un fardier. » (Page 239 des *Mémoires de la Société des Ingénieurs civils*, année 1874.)

La possibilité de rachat des chemins de fer de Ceinture (R G) et d'Auteuil étant expirée le 18 juillet 1873, on pourrait, sans nuire à l'ensemble du réseau métropolitain, ajourner l'exécution des trois branches extrêmes de notre projet, comprises : 1° entre la gare de Montparnasse et la station de l'Ouest-Ceinture ; 2° entre la gare de l'Est et la station de la Chapelle-Saint-Denis, jusqu'à l'époque où l'on transformera en gare de marchandises le sous-sol des Halles-Centrales, comme au marché de Smithfield, à Londres ; 3° entre la porte Maillot et le pont de Neuilly, quoique la circulation soit déjà grande de ce côté, et doive augmenter considérablement quand la ligne de fer projetée sur le bord de la Seine (R D), entre Grenelle et Saint-Ouen, sera établie.

La longueur totale à construire serait alors réduite à 34 140 mètres, savoir : 30 800 mètres sous les rues et autres propriétés de la Ville ou de l'État ; 980 mètres à travers les propriétés particulières, au cœur de la ville, dont 830 mètres à une plus grande profondeur que les sous-sols des maisons : 1° près de la Madeleine ; 2° entre la place Saint-Germain-des-Prés et la rue de Turbigo (sur lesquels 250 mètres environ sont dans l'axe du prolongement éventuel de la rue de Rennes, tel qu'il a été projeté par la municipalité) ; 2 360 mètres, y compris le prolongement éventuel de l'avenue de Suffren jusqu'au boulevard de Grenelle, à travers les propriétés particulières, dans les quartiers éloignés du centre, dont 1 500 mètres de longueur, à 5 ou 6 mètres au-dessus du sol, entre le boulevard de Port-Royal et la place de la Bastille. (Entre ces deux points, le sol, d'après un expert, vaut aujourd'hui, en moyenne, une soixantaine de francs le mètre carré, et les maisons ne sont généralement pas de grande valeur.)

En appliquant aux longueurs ci-dessus des lignes de fer à construire, les prix élevés [1] indiqués dans notre Notice, on trouve que les 34 140 mètres coûteront 147 millions, savoir :

---

(1) Le chemin de fer de Ceinture (RD), ouvert en décembre 1852 et complétement en mars 1853, est construit presque entièrement à travers les propriétés privées, et générale-

DÉSIGNATION.	LONGUEUR en mètres.	Prix du kilomètre y compris frais généraux et intérêts pendant la construction.	DÉPENSES.
	mèt.	fr.	fr.
Au-dessus ou au-dessous des rues, boulevards, jardins et autres propriétés de la Ville ou de l'État........	30.800	3.500.000	107.800.000
Au-dessous des propriétés particulières. { Au cœur de la ville........	150	20.000.000	3.000.000
Au cœur de la ville, à une plus grande profondeur que les sous-sols des maisons.....	830		
Au-dessus ou au-dessous des propriétés particulières, dans les quartiers éloignés du centre...........	2.360	10.000.000	31.900.000
Supplément pour découvrir l'extrémité nord de la station de la rue de Turbigo ; pour les deux ponts sur la Seine, et pour le tunnel sous ce fleuve, déjà comptés 2.230.000 fr. comme mètre courant de railway ordinaire.	»	»	4:300.000
	34.140	»	147.000.000

Les portions de lignes de fer projetées sous les propriétés privées étant presque entièrement au-dessous du niveau des caves, on pourra généralement se borner à exproprier le *tréfonds*, et alors on peut espérer que la dépense totale sera très-notablement réduite.

Des doutes ayant été exprimés sur la possibilité d'acquérir seulement le *tréfonds* des propriétés bâties, nous croyons utile de traiter sommairement cette question, dont le côté financier est fort important.

D'abord l'article 552 du Code Napoléon, d'après lequel « la propriété du sol emporte la propriété du dessus et du dessous, » ne met pas obstacle à ce que le dessous puisse être détaché du sol par fractions, car, suivant l'article 553, « toutes constructions, plantations et ouvrages sur un terrain ou dans l'intérieur, sont présumés faits par le propriétaire, à ses frais et lui appartenir, si le contraire n'est prouvé ; *sans préjudice de la propriété qu'un tiers pourrait avoir acquise ou pourrait acquérir par prescrip-*

ment au-dessus ou au-dessous des rues de Paris. Il a coûté 18,835,925 fr. pour 17 kilomètres, avec pont double sur la Seine, soit 1,107,995 fr. par kilomètre.

M. Vauthier, ancien ingénieur des ponts et chaussées, membre du Conseil général de la Seine, est auteur d'un projet, très-détaillé, de réseau de chemins de fer dans Paris, de 30 kilomètres de développement, dont 1/15 à travers les propriétés privées éloignées du centre de la Ville. Ce projet, généralement aérien, quoiqu'il comporte plusieurs tunnels, dont un de 1890 mètres sous le Trocadéro, est évalué à la somme totale de 2,800,000 fr. par kilomètre, y compris le matériel roulant.

M. Lemasson, ingénieur des ponts et chaussées, a aussi étudié un projet de chemin de fer dans Paris, de 22 kilomètres, généralement souterrain, qu'il évalue à la somme totale de 3,100,000 fr. par kilomètre, y compris le matériel roulant.

Le rapport de la Commission technique relate que deux Sociétés financières, dont une composée de grands entrepreneurs, étaient disposées à demander la concession, pour exécuter ces deux projets, *sans subvention ni garantie d'intérêts.*

tion, soit d'un souterrain sous le bâtiment d'autrui, soit de toute autre partie du bâtiment. »

De plus, l'article 664 du même code, admettant la *divisibilité d'une maison par étages*, prouve que la propriété immobilière n'est pas indivisible horizontalement. « Cette question, dit Dalloz (Jurisprudence générale), est d'une extrême gravité, soit en raison de la théorie de droit qu'elle soulève, soit à cause de son importance pratique..... » Bornons-nous à constater qu'il résulte d'un arrêt de la Cour de cassation du 1er août 1866, relatif à l'établissement du tunnel du chemin de fer de Ceinture (R G), à Montrouge : 1° que le sous-sol d'une propriété bâtie ou non bâtie, peut être exproprié comme chose distincte du sol et des constructions établies à la surface; 2° que lorsque l'expropriation a été ainsi restreinte au sous-sol par l'arrêté de cessibilité et le jugement d'expropriation, elle ne constitue pas une expropriation partielle par rapport à l'ensemble de la propriété envisagée dans les différents éléments qui la composent, à savoir : le sol, le dessous et le dessus; d'où la conséquence que la faculté résultant de l'article 50 de la loi du 3 mai 1841 n'est pas ouverte à l'exproprié (¹). »

(1) Devant la cour de cassation, les défendeurs soutenaient que l'expropriation partielle du sous-sol de leur propriété comportait celle de la portion correspondante de la surface et des bâtiments qui s'y trouvaient, et ils ajoutaient : « D'ailleurs, comment, *à priori*, dé-« terminer la ligne séparative de ces deux propriétés superposées? Où finit le dessus? où « commence le dessous? Les plantations, les constructions qui, aux termes de la loi, font « partie du dessus, n'entrent-elles pas dans le dessous par leurs racines, leurs fondations?.... « Qui ne voit, dès lors, que ce serait abuser complétement du raisonnement par analogie, « que de conclure d'un tel droit à un autre droit bien autrement dangereux, et qui, du « moment qu'il serait admis, devrait l'être sans limites, la loi n'en ayant posé aucune, et « les restrictions indiquées par l'article 50 étant matériellement inapplicables au fraction-« nement en profondeur? Et à quelles conséquences n'arriverait-on pas avec ce système? « Aujourd'hui on a laissé, entre le souterrain et la ligne superficiaire, un espace de 25 mètres « qui pourrait au premier abord paraître suffisant..... Mais qui empêchera l'expropriant, si la « thèse de son pourvoi vient à triompher, de pratiquer désormais des tunnels à 20, à 15, « à 10 mètres, à 1 mètre de la surface qui deviendrait ainsi impropre à la construction, « à la culture, à toute utilisation quelconque? Dès lors, comment pourrait-on dire, comment « même peut-on dire, dans l'espèce, que la surface ne soit pas atteinte? Et comment « laisser, sans un arbitraire effrayant, *l'expropriant lui-même libre de déterminer une limite* « *que la loi n'a posée nulle part?*........ »

Ce système de défense n'a point prévalu devant la cour de cassation qui, par un arrêt du 1er août 1866, a décidé :

« ..... Attendu que, en limitant ainsi l'expropriation à la partie du sous-sol nécessaire « pour l'établissement, au point indiqué, du tunnel du chemin de fer de Ceinture (RG), le « tribunal s'est conformé à la loi; que si, en effet, d'après l'article 552 du code Napoléon, « la propriété du sol emporte la propriété du dessus et du dessous, cette disposition ne fait « pas obstacle à ce que, suivant l'article 553 du même code, un tiers puisse acquérir, même « par prescription, la propriété d'un souterrain sous le bâtiment d'autrui; d'où il résulte, « en principe, que le dessous peut être détaché du sol par fractions qui forment, à leur tour « et par elles-mêmes, une chose essentiellement distincte et susceptible d'appropriation par-« ticulière;

« Attendu que, si cela est absolument vrai lorsque l'acquisition par un tiers, d'une partie

L'accroissement continu de la circulation des personnes et des marchandises dans Paris rend depuis longtemps indispensable l'emploi d'un moyen de locomotion *rapide*, et dont on puisse faire usage à heure fixe.

Or, les omnibus, qui (sauf les bateaux-mouches de la Seine) sont actuellement le seul moyen de transport en commun dans l'intérieur de Paris, ne satisfont à aucune de ces deux conditions.

L'élément transportable est pourtant considérable, car, dans le périmètre de la ville, le nombre des voyageurs en chemin de fer atteint presque la moitié de la totalité des chemins de fer français, et le nombre de voyageurs, en omnibus seulement, dépasse cette totalité.

Citons quelques chiffres officiels d'une année normale :

Le nombre total de voyageurs sur les chemins de fer français, en 1869 (avant la perte de l'Alsace-Lorraine), a été de 111 163 584, non compris les 2 524 423 voyageurs du petit chemin de fer à câble de Lyon à la Croix-Rousse, moyennant la somme de 223 070 314 francs, *déduction* faite de l'impôt du dixième et des recettes supplémentaires.

Durant la même année, le nombre des voyageurs aux gares et stations des chemins de fer à locomotives a été de 51 381 315 (¹) dans l'intérieur de Paris, dont 15 459 982 aux stations du chemin de fer de Ceinture (rive droite, rive gauche et Auteuil).

Le nombre transporté par les omnibus parisiens a été de 116 778 756 voyageurs en 1869, non compris les voyageurs en omnibus sur rails et ceux de banlieue, moyennant la somme de 21 758 591 francs (722 380 fr. de plus qu'en 1868, sans augmentation d'une seule voiture), et la recette moyenne par voyageur a été de 18 centimes 7 dixièmes.

Le nombre de voyageurs en omnibus, dans Paris, était seulement de 30 millions en 1854; il s'est élevé progressivement, et à peu près régulièrement chaque année, jusqu'au chiffre de 116 778 756, que nous venons

« du sous-sol, procède du consentement du propriétaire du sol, on ne saurait admettre
« qu'il en puisse être autrement, lorsque cette acquisition s'effectue par la voie d'expro-
« priation pour utilité publique. Il est hors de doute, en effet, à part même toute autre
« considération, que, entre l'autorité expropriante qui tient son droit de la loi, et le tiers
« qui fonde le sien sur le contrat ou la prescription, l'identité de situation est tellement
« étroite que, dans un cas comme dans l'autre, sans qu'aucune distinction soit possible, la
« prise de possession de la chose régulièrement et légitimement acquise doit, de toute né-
« cessité, tendre aux mêmes résultats et produire les mêmes effets vis-à-vis de l'ancien pro-
« priétaire, ce qui tranche la question.

« Que si l'article 50 de la loi du 3 mai 1841 déroge, mais seulement pour le cas y spé-
« cifié, à cet état de choses, en conférant à l'exproprié le droit de réclamer l'extension de
« l'expropriation au delà des limites déterminées par le jugement qui l'ordonne, du moins
« y a-t-il lieu de reconnaître que cette exception, renfermée dans ses termes véritables, est,
« dans l'état des faits, inapplicable de tout point à l'espèce actuelle........ »

(1) Notre graphique des omnibus et des chemins de fer dans Paris (planche 1) donne le détail de ce nombre, station par station, d'après les *chiffres officiels fournis par les Compagnies*. Plusieurs de ces chiffres diffèrent de ceux indiqués par la statistique du ministère des travaux publics, notamment pour la gare du Nord.

de citer, soit près de 4 fois plus, et, dans cette période de 15 ans, le nombre d'omnibus en service dans la ville a été porté de 329 à 694. (Compte rendu officiel de la Compagnie des omnibus.)

D'après M. Ch. Jouffroy « les omnibus, les voitures de place, les bateaux-mouches et le chemin de fer de Ceinture ont transporté dans Paris, durant l'année 1869, 247 397 264 voyageurs, pour un prix de 79 009 998 francs, soit une moyenne de 0ᶠ,36 par voyageur. »

« Il résulte des renseignements statistiques empruntés, tant aux documents officiels qu'aux divers travaux privés, que, dans l'état actuel, le transport des marchandises par collier, dans Paris, atteint le chiffre de 15 millions de tonnes. On restera certainement au-dessous de la vérité en estimant le prix moyen du transport de la tonne à 4ᶠ,50, ce qui donne un total de 67 500 000 francs. » (*Municipalité*, p. 443.)

Ajoutons, d'après l'*Annuaire du Bureau des longitudes*, quelques chiffres relatifs à la consommation de la ville de Paris en 1869 :

DÉSIGNATION DES OBJETS DE CONSOMMATION.	HECTOLITRES.	TONNES.
Boissons.... Vins en cercles et en bouteilles.................	3.714.682	368.497
Bières..................................	335.544	33.554
Cidres, poirés et hydromels....................	98.358	9.836
Alcools purs et liqueurs.....................	132.407	11.917
	4.280.991	
	kilogrammes.	
Comestibles.. Viande de bœuf, vache, veau, mouton, bouc ou chèvre.	127.437.251	127.437
Viande de porc, graisses et lards salés............	17.315.778	17.316
Abats et issues de veaux et de porcs.............	5.436.189	5.436
Charcuterie de toute espèce et viande fumée........	1.719.190	1.719
Viandes confites, pâtés, volailles, gibier, lapins, poissons et huîtres.	2.398.409	2.398
Beurre, œufs et fromages secs....................	10.877.910	10.878
Chasselas, muscat et autres raisins...............	10.921.248	10.921
Sel gris ou blanc.........................	12.775.859	12.776
	188.881.834	
Liquides.... Vinaigre, verjus, alcools dénaturés, huiles, vernis, essences, goudrons, éthers et chloroforme...................		75.510
Combustibles. Bois, cotrets, fagots, poussier, tan, charbons de bois et artificiels....		745.847
Charbons de terre, coke, tourbe, etc., etc..................		682.012
Fers, fontes employés dans les constructions......................		18.729
Moellons, pierre de taille, dalles, marbre et granit................		1.872.936
Briques de dimensions ordinaires..........................		108.309
Matériaux... Chaux, ciment, plâtre...		1.150.529
Argile, glaise, sable gras.......................		328.000
Tuiles, ardoises, carreaux, poterie, pots..................		35.972
Asphalte, bitume, brai......................		15.957
Bois à ouvrer. Chêne et autres bois durs; sapin et autres bois blancs............		361.053
Fourrages... Paille, foin, sainfoin, luzerne, etc.; avoine et orge.............		497.026
		6.504.565

Les chiffres ci-dessus, de consommation annuelle, qui dépassent déjà 6 millions et demi de tonnes, ne comprennent point le blé, la farine, les légumes, les fruits, le lait, l'épicerie, la verrerie, la papeterie, les eaux minérales, les tissus, les cuirs, les métaux ouvrés, etc.

Ils démontrent que le service des marchandises à établir *ultérieurement*, durant une partie de la nuit, sur le réseau métropolitain parisien, ne sera point improductif.

En outre, au fond de fosses séparées du chemin de fer par des portes roulantes fermant hermétiquement, des wagons à caisse en tôle recevront directement le contenu des tombereaux du balayage municipal. Ces wagons transporteront au loin, comme engrais, les boues et immondices, desquelles la Ville ne tire actuellement aucun profit, et dont l'enlèvement lui coûte 900,000 francs par an.

D'après la statistique des chemins de fer, publiée par le ministère des travaux publics, le nombre de tonnes de marchandises transportées à petite vitesse seulement, et à toute distance, sur tous les chemins de fer français, en 1869, a été de 44,013,433 tonnes. Ce nombre a été de 5,176,082 tonnes dans les gares de Paris, non compris celles du chemin de fer de Ceinture; il avait été de 5,243,772 tonnes, en 1868.

En considérant les lignes de fer de banlieue, où les trains sont beaucoup moins nombreux qu'ils ne le seront sur le Métropolitain projeté, comme les extrémités amoindries de la grande circulation parisienne, on peut également se faire une idée approximative de l'importance de cette circulation.

En 1869, la ligne de Vincennes, longue de 16,815 mètres, a transporté 5,928,318 voyageurs, moyennant la somme de 2,410,286 francs, soit 143,342 francs par kilomètre, y compris l'impôt du dixième.

La même année, à l'extrémité opposée de Paris, le chemin de fer d'Auteuil, long de 8,224 mètres, a transporté 5,260,834 voyageurs pour le prix de 1,077,692 francs, déduction faite de l'impôt du dixième, soit 131,090 francs par kilomètre. En y ajoutant l'impôt déduit, on obtient un chiffre presque identique au produit kilométrique de la ligne de Vincennes.

Le nombre de voyageurs sur le chemin de fer de Ceinture (rive droite, rive gauche et Auteuil) était déjà de 15,459,982, en 1869, malgré la situation souvent défectueuse du tracé de ce chemin par rapport aux centres de population; car, sauf la section de Paris à Auteuil, construite pour les voyageurs, les autres sections ont été établies principalement pour le transit des marchandises entre les réseaux des cinq grandes Compagnies.

Si l'on se rappelle que les sept dixièmes des voyageurs du Métropolitan Railway appartiennent à la classe ouvrière, on peut affirmer que leur nombre serait plus considérable sur le chemin de Ceinture, s'il avait des wagons de 3ᵉ classe; car, les coussins des compartiments de 2ᵉ classe ayant parfois été, involontairement, détériorés par des objets encombrants que les voyageurs introduisaient avec eux dans les wagons, le public a été informé « qu'il est expressément défendu de monter en chemin de fer, sur la ligne de Ceinture, avec des brocs, paniers de gros volume (pleins ou vides) ou tous autres objets pouvant détériorer le matériel. » Il va sans dire que cette mesure fait bien des mécontents parmi les pauvres gens qui, pour aller d'une station à l'autre, sont obligés de dépenser 10 centimes en plus pour faire enregistrer un objet qu'ils pourraient facilement garder avec eux.

Les wagons de 3ᵉ classe n'ayant pas de coussins ne risqueraient pas d'être dégradés.

Contrairement à la délibération du Conseil général de la Seine du 10 mai 1872 (article 7), le réseau métropolitain parisien devra donc avoir des wagons de cette classe.

Le public se préoccupe de ce que l'on n'exécute pas les chemins de fer projetés dans Paris, quand Londres en a de nouveaux chaque année.

Il n'ignore pas que l'article 2 de la loi du 12 juillet 1865, relative aux chemins de fer d'intérêt local, est ainsi conçu : « Le Conseil général arrête, après instruction préalable par le préfet, la direction des chemins de fer d'intérêt local, le mode et les conditions de leur construction, ainsi que les traités et les dispositions nécessaires pour en assurer l'exploitation. »

La circulaire du 12 août 1865, adressée par le Ministre des travaux publics aux préfets, ajoute : « Il résulte de ce texte, que si le préfet a le droit et le devoir de soumettre au Conseil général les projets de chemins de fer qu'il juge utiles aux intérêts du département, et s'il est chargé, dans tous les cas, de pourvoir à l'étude et à l'instruction de ces projets, *de son côté, le Conseil général conserve un droit d'initiative qui lui permet, dans tous les cas, de provoquer l'étude et la création des lignes dont l'utilité lui paraîtra démontrée.* »

« Quant au choix des agents auxquels devra être confié le soin de faire les études et, ultérieurement, de diriger ou de surveiller la construction, toute latitude est laissée, à cet égard, au Conseil général du département. »

« ..... La loi du 12 juillet 1865 n'ayant apporté aucune modification aux règles générales relatives à la déclaration d'utilité publique, il en résulte que l'avant-projet devra être soumis à l'enquête prescrite par le titre Iᵉʳ de la loi du 3 mai 1841, et qu'il sera procédé à cette enquête suivant les formes tracées par l'ordonnance du 18 février 1834. »

D'après cette ordonnance royale, des registres destinés à recevoir les observations auxquelles pourra donner lieu l'entreprise projetée, seront ouverts au public, et ensuite une commission examinera les déclarations consignées au registre de l'enquête, etc.

Le public pourra donc demander certaines modifications aux tracés approuvés par le Conseil général le 10 mai 1872, et, par exemple, dire, avec les membres de la Commission des quatorze ingénieurs, déjà citée, que *la section du chemin de fer entre l'église Saint-Augustin et la porte Dauphine, ne pourra donner qu'une rémunération insuffisante* (page 52 du rapport de la Commission), et demander que cette section soit construite aux Champs-Élysées, jusqu'à la porte Maillot, où la circulation est beaucoup plus considérable que dans l'avenue de Friedland.

Le gouvernement lui-même doit aider le Conseil général à doter Paris d'un réseau de chemins de fer qui, aux termes de la loi, deviendrait un jour, gratuitement, la propriété de la Ville et aurait bientôt conquis, pour maisons et jardins destinés aux ouvriers, aux employés, aux petits rentiers, etc., les espaces libres qui créent, dans l'ancienne banlieue intra-muros, des foyers d'infection, des ramassis d'habitations malsaines.

Cette région et celle située au sud du jardin des Plantes y trouveraient une plus-value générale des terrains, dont profiteraient l'État et la Ville, par suite des impositions.

D'après un document ministériel que nous avons sous les yeux, les profits particuliers que l'État retire de l'exécution des chemins de fer, soit en recettes perçues (impôts du dixième et sur les titres, timbres, etc.), soit en économies réalisées par lui, pour le service postal, les transports militaires et autres, se sont élevés, pour l'année 1869, à la somme de 114,491,545 francs, soit, pour une dépense de 981,834,353 francs faite par l'État, un produit annuel de 11f66 pour 100.

Ajoutons qu'en 1872, les sommes perçues par l'État, sur les recettes, etc., des Compagnies des chemins de fer, ont été presque le double des sommes perçues en 1869.

Nous terminerons notre travail en citant les conclusions, encore pleines d'actualité, du très-remarquable rapport présenté le 8 mai 1872 au nom de la deuxième Commission nommée par le Conseil général de la Seine, pour étudier la question des chemins de fer dans Paris.

« En résumé, messieurs, votre deuxième Commission est d'avis :

« Que *les moyens de transport dans Paris sont d'une insuffisanee notoire* et « qu'il convient d'y remédier, à l'exemple d'autres capitales, telles que « Londres, Bruxelles, Vienne, New-York ;

« Que l'établissement du chemin de fer métropolitain dans Paris est « *possible*, tant au point de vue *technique* qu'au point de vue *financier;*

« Qu'il convient, en conséquence, de l'entreprendre dans la mesure
« que propose le projet de délibération, c'est-à-dire en n'exécutant d'a-
« bord que la partie du réseau la plus urgente et, selon toute appa-
« rence, la plus fructueuse, mais *sans ajournement nouveau;*

« Qu'en effet, *il est urgent de raviver le travail dans Paris par des opéra-*
« *tions d'utilité publique,* bien qu'il convienne, dans l'état actuel de nos
« budgets, de confier ces opérations à des Compagnies solidement con-
« stituées..... »

Des attaques dirigées contre notre projet de réseau métropolitain
nous ont mis dans la nécessité d'adresser au Président de la Société des
ingénieurs civils une protestation dont voici le résumé d'après le procès-
verbal de la séance du 22 janvier 1875 :

M. LE PRÉSIDENT donne communication d'une lettre qu'il a reçue de M. Letellier,
pour réfuter les critiques adressées à son projet de réseau métropolitain parisien
par M. Alphonse Després, dans sa Notice sur le réseau des chemins de fer dans Paris, critiques qui n'ont pas été formulées quand cette Notice a été lue à la Société,
et que par conséquent M. Letellier n'a pu combattre.

M. Letellier établit que les cotes noires de son projet, dont M. Després semble
contester l'exactitude à la place de la Bastille, sont conformes :

1° A celles inscrites par les ingénieurs de la Ville sur leur plan de Paris en
21 feuilles grand aigle;

2° Aux dessins d'exécution de la gare de la Bastille;

3° A un nivellement exécuté suivant l'axe du tracé dont il s'agit, par l'un des plus
habiles conducteurs de travaux du service municipal de Paris;

Et 4° au dessin détaillé de la voûte recouvrant le canal Saint-Martin, sous le boulevard Richard-Lenoir.

Il réfute les critiques adressées au passage du Métropolitain au-dessus de la gare
d'Orléans, et celles relatives à la station des Halles Centrales, en faisant remarquer
que son tracé étant, contrairement à ce que M. Després a cru voir, tout à fait en
dehors du service des voyageurs et de ses dépendances, ne peut défigurer en rien
la gare d'Orléans, et que, n'ayant pas projeté de station aux Halles Centrales, il ne
comprend pas l'attaque dirigée contre une partie de son travail qui n'existe pas.

Quant aux objections faites par M. Després à la possibilité de traverser la Seine,
près de l'Institut, sans de trop grandes difficultés, M. Letellier fait observer qu'elles
sont en contradiction :

1° Avec la carte géologique au 1/25,000° du département de la Seine, dressée par
M. l'ingénieur en chef Delesse;

2° Avec six sondages exécutés dans le voisinage du tracé, à l'emplacement de
l'écluse de la Monnaie;

3° Avec six autres sondages exécutés en 1868, à peu de distance du tracé, près du pont du Carrousel, par ordre de M. Vaudrey, ingénieur en chef de la navigation ;

4° Avec une dizaine d'autres sondages, forages et tranchées exécutés entre la gare Montparnasse et le boulevard Saint-Denis, non loin du Métropolitain projeté ;

Et 5° avec une coupe géologique, suivant l'axe de son tracé, entre la rue du Vieux-Colombier et la rue Réaumur, qu'un célèbre ingénieur en chef des mines, précédemment ingénieur des carrières de Paris, a eu la bonté de faire dresser.

« Nos Collègues, dit en terminant M. Letellier, généralement fort occupés, ayant pu croire, d'après les critiques de M. Després, que mon projet de chemin de fer dans Paris, bien que dressé avec tout le soin possible par un homme qui dirige depuis vingt ans une partie du service des études d'une des cinq grandes Compagnies françaises de chemins de fer, était basé sur des cotes inexactes ; je viens protester contre une appréciation erronée tendant à infirmer un travail auquel j'ai consacré une partie de ma vie et des milliers de francs, afin que la ville de Paris possède un jour un moyen de transport plus rapide que les fiacres, les omnibus et les bateaux-mouches, et ne chômant pas, comme eux, en temps de brouillard, de verglas ou de hautes-eaux. »

TABLE DES MATIÈRES.

Paris. — VIÉVILLE et CAPIOMONT, rue des Poitevins, 6,
Imprimeurs de la Société des Ingénieurs civils.

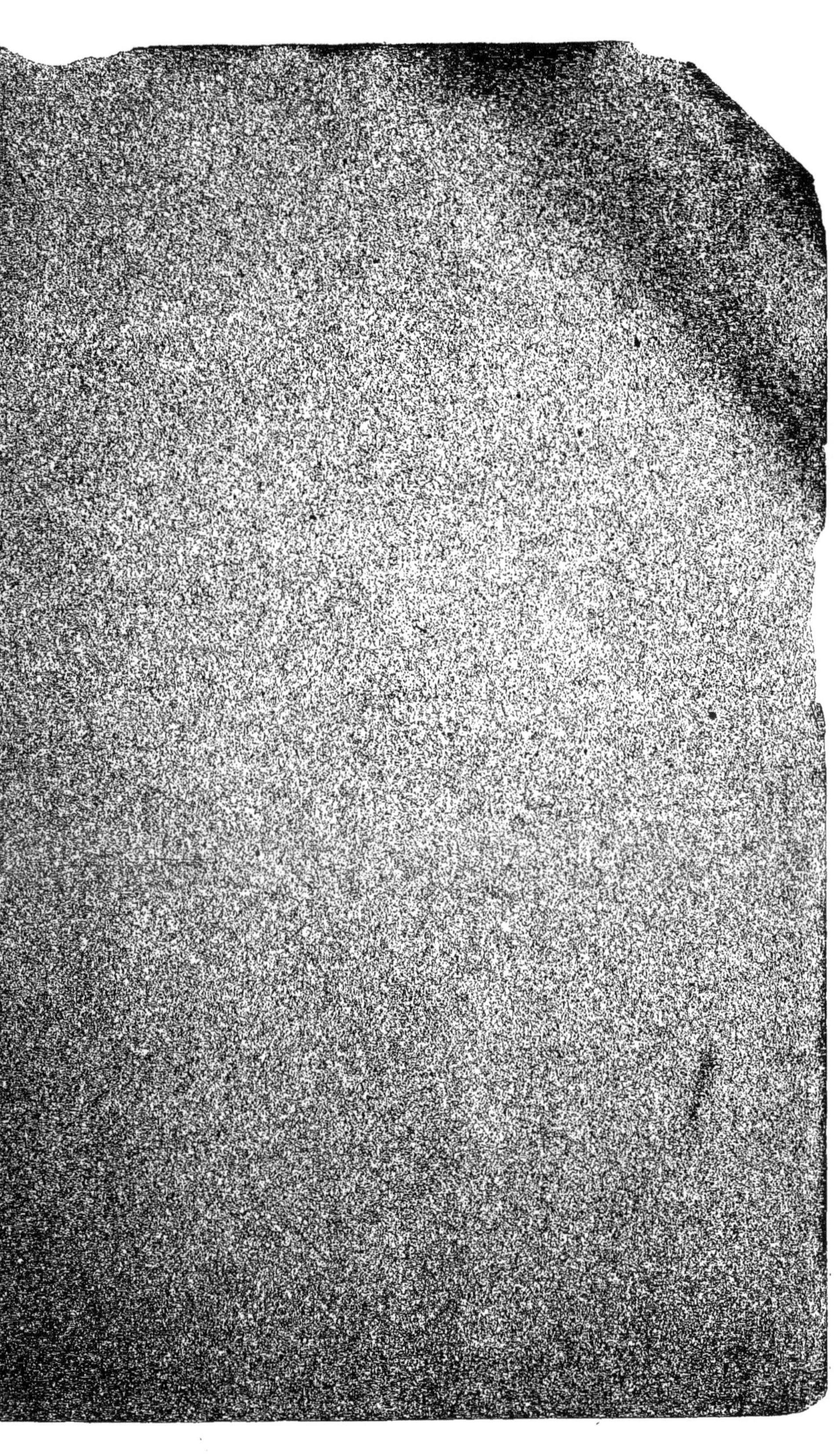

PARIS. — IMPRIMERIE VIEVILLE ET CAPIOMONT

RUE DES POITEVINS, 6.

www.ingramcontent.com/pod-product-compliance
Ingram Content Group UK Ltd.
Pitfield, Milton Keynes, MK11 3LW, UK
UKHW022114070726
13613UKWH00003B/1058